화내는 부모가 아이를 망친다

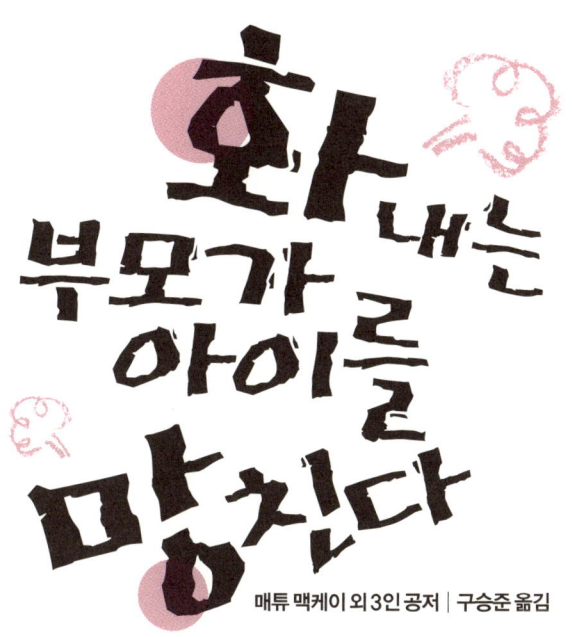

매튜 맥케이 외 3인 공저 | 구승준 옮김

한문화

"위대한 사람은, 어린 시절에 상처만 받았다면
자신이 존재할 수 없다는 것을 안다."

― 머레이 캠튼 ―

 머리말

당신은 이런 적이 있는가? 당신의 아이에게 정말로 화난 적이 있는가? 소리 지르거나 아이를 때리거나 이성을 잃은 적이 있는가? 한바탕 소동이 지난 후 후회하거나 죄책감을 느낀 적이 있는가? 침착해지기로 결심한 적이 있는가? 그럼에도 불구하고 여전히 화를 내고 있는가? 만약 그렇다면, 이 책은 당신을 위한 것이다.

이 책은 2년 동안 285명의 부모들을 대상으로 한 연구 결과를 토대로 했다. 그들도 당신과 마찬가지로 '미운' 아이들을 키우고 있는 일반적인 보통 부모들이다. 이 부모들은 정밀한 조사보고서를 작성했다. 아이들에게 언제, 어떻게 화를 내는지, 화를 내는 가장 중요한 원인이 무엇인지, 그리고 화를 다스리는 최선의 방법은 무엇인지에 대해 상세히 적었다. 우리는 조사 결과를 심리학적 연구와 종합하여 '화 다스리기를 위한 마스터플랜'을 만들었다. 당신은 자신의 생각과 행동

과 말을 실제로 변화시켜 당신이 원하던 화내지 않는 상태, 평화와 고요, 사랑과 협조를 얻을 수 있을 것이다.

이 책은 단계별로 구성되어 있다. 1장에서는 일반적으로 부모의 화가 어떤 영향을 미치며 화를 다스리는 것이 왜 중요한지를 살펴볼 것이다. 2장에서는 당신의 가족을 관찰하여 화에 얽힌 문제를 조망해볼 수 있다. 3장에서는 화를 낼 때 당신의 몸과 마음에 어떤 일이 일어나는지를 배운다. 4장은 어린이들의 성장 발달 단계에 따른 행동을 서술한다. 5장에서는 당신의 화를 다스리는 법을 배우고, 6장에서는 당신의 행동을 바꾸는 법을 배운다. 7장에서는 당신의 아이들에게 말하는 법 바꾸기를 배우고, 8장에서는 지금까지 학습한 것을 종합하여 화 다스리기를 위한 당신의 마스터플랜을 설계할 것이다.

준비 조사에서 많은 심층 면접을 수행해 주신 조안 리츠커 박사에게 고마움을 전한다. 주드 매케이, R. N, 카렌 할리버튼과 크리스턴 할리

버튼은 인터뷰에서 나온 데이터를 분석해 주었다. 주어겐 코반카 박사와 미쉘 워터스는 조사 데이터를 통계학적으로 분석하는 데 이루 말할 수 없는 도움을 주었다. EVANG(다음 세대를 대비한 폭력근절협회, End Violence Against the Next Generation)의 이사인 아다 모러 박사는 신체 체벌의 영향에 대한 최근 연구에 대해 조언해 주었다. 레슬리 틸리는 편집을 훌륭하게 해주었으며, Publisher Group West의 동료들이 이 책에 흥미를 갖고 열정적으로 도와주어 감사한다.

― 매튜 맥케이

차례

머리말 5

1 부모의 화가 미치는 영향

모든 부모는 화를 낸다 12 • 화가 아동 발달에 미치는 영향 15 • 이 책의 활용법 23

2 문제 있나요?

당신의 화지수 평가하기 30 • 당신의 아이에게 미치는 영향 평가하기 38 • 화 일기 쓰기 41

3 당신이 화를 내는 이유는?

화의 2단계 모델 50 • 부모의 스트레스 53 • 방아쇠생각 57 • 화 일기 업그레이드하기 64

4 아이들의 행동에는 이유가 있다

기질 69 • 연령별 아동 행동에 맞는 행동과 발전적 도전 74 • 욕구와 대응 전략 84 • 습관화 90 • 부모가 직면한 전형적인 문제들 93

5 당신의 사고방식 바꾸기

부모가 성공적으로 화를 극복하는 방법 139 • 방아쇠생각 멈추기 140 • 예상치 못한 방아쇠생각 극복하기 146 • 화 일기의 새로운 활용법 149

6 당신의 행동방식 바꾸기

이완 157 • 아이들이 진정으로 원하는 것 173 • 특별히 고려해야 할 사항—하면 안 되는 것 177

7 당신의 언어습관 바꾸기

왜 화는 효과가 없나? 180 • 아이에게 분명하게 말하기 182 • 선택과 결과 191 • 문제를 해결하는 의사소통법 201

8 화를 다스리기 위한 마스터플랜

마스터플랜의 예 210 • 당신의 마스터플랜 만들기 215

옮긴이의 말 217
부록A 부모화평가표의 방법론과 결과 221
부록B 부모화평가표에 쓰인 질문지 226
참고문헌 234

When Anger Hurts Your Kids

1장 부모의 화가 미치는 영향

화내는 부모의 아이들은 더 공격적이고 반항적이다. 화내는 부모의 아이들은 감정이입이 어렵다. 화내는 부모의 아이들은 적응 능력이 떨어진다. 화내는 부모는 정신적으로 미성숙한 성인을 길러낸다.

When Anger Hurts Your Kids

육아는 힘든 일이다. 육아에만 전념한다 하더라도 매우 힘든 일임에 틀림없는데, 부모들은 그 외에도 해야 할 일이 너무 많다. 육아 외의 다른 일들만 감당해도 당신이 때때로 화내는 건 당연하다.

모든 부모는 화를 낸다

우리는 연구 결과를 통해 많은 부모들이 자신이 아이에게 내는 화를 염려하고 있다는 것을 알았다. 한 연구(1979년 프루드와 그로스)에서는 절반이 넘는 부모들이 통제력을 잃고 자신의 아이를 '매우 심하게' 때린다고 답했다. 나머지 40퍼센트는 언젠가는 통제력을 잃고 아이를 다치게 할지도 모른다는 두려움을 갖고 있었다. 우리는 연구를 통해 부모들이 일주일에 평균 5번은 아이들에게 고함 치거나 언성을 높일 만큼 화를 낸다는 것을 알았다. 이들은 평범한 부모들이며, 아이들도 역시 평범하지만, 부모들은 거의 매일 심하게 화를 내고 있었다. 이렇게 자주 화를 낸다는 보고만 해도 불안한 일이지만 주어겐 코르반카와 매튜 맥케이(1995)는 부모의 고함이나 위협, 매질이 증가할수록 총체적·정서적인 뒷받침은 감소된다는 것을 밝혔다. 부모가 화를 많이 내면 낼수록 아이들을 보살피거나 격려하는 횟수가 줄어든다는 것이다.

화는 더 심한 체벌을 유도한다

1985년 국가 가족 폭력 조사 연구(National Family Violence Survey)에서는 미국 부모의 90퍼센트가 아이가 2살 무렵일 때 체벌을 가한다는 것을 밝혀냈다. 2살이 너무 어리다고 생각하는가? 1965년 조사에서는 1~6개월 사이의 유아들이 매를 맞았고, 생후 12개월경의 아이들 절반이 체벌을 받았다고 밝혀졌다.(스트라우스 1994)

체벌은 너무 흔한 일이므로, 여기서 중요한 문제는 매를 맞았다는 것이 아니라 얼마나 자주 맞았느냐는 것이다. 국가 청소년 장기 연구(The National Longitudinal Study of Youth)의 조사 결과는 놀랍다. 조사에 의하면, 미국에서 생후 6개월 이하의 아이를 가진 엄마들의 2/3가 일주일에 3번 정도 체벌을 가할 필요가 있다고 생각한다는 것이다. 이는 곧 대다수의 엄마들이 1년에 평균 150회 정도 아이들을 때린다는 것을 뜻한다(스트라우스 1994). 이 연구에 아이들이 아버지에게 맞는 횟수는 넣지 않았다.

육아에서 화의 횟수와 강도는 육체적 체벌의 사용 여부와 깊게 연관되어 있다. 최근의 한 연구에서는 소리를 자주 지르는 부모는 아이들을 때리는 횟수도 더 잦다는 것을 알아냈다(허먼웨이, 솔닉, 카터 1994). 그리고 캐롤 휴센(1986)은 캐나다인을 대상으로 한 중요한 연구에서 화의 정도가 심하면 체벌을 가하는 횟수도 두 배가 된다는 것을 밝혀냈다. 육체적 학대와 욕설, 비난, 멸시 등과도 연관성이 크다. 코르반카와 맥케이(1995)는 말로 공격하는 일이 잦은 부모들 역시 육체적 학대를 동반할 가능성이 많다는 것을 밝혀냈다.

체벌과 욕설

구타와 최근 성행하는 육체적 학대 사이에는 연관성이 있다. 미국인들이 체벌을 자주 사용하기 때문이고, 대부분의 경우 화가 난 상태에서 체벌을 가하기 때문이다. 사회학자 머레이 스트라우스는 그의 책 《미국 가족의 체벌》(*Beating the Devil Out of Them : Corporal Punishment in American Families*, 1994)에서 다음과 같은 결론에 이르렀다.

"체벌이 학대를 일으킬 수 있는 위험 요소라는 것을 보여주는 과학적 증거는 추정되는 다른 증거보다 더 확실하다.……체벌이 더 많이 사용될수록, 단계적으로 확대될 위험성이 더욱 커진다. 왜냐하면 체벌은 아동이 내면의식을 개발하는 데 도움이 되지 않기 때문이다. '대신에' 아이들은 육체적으로 더욱 공격적인 행동을 할 것이다. 부모가 매에 많이 의존할수록, 아이들은 도를 넘어서는 공격적인 행동을 할 수밖에 없다."

분노에 뿌리를 둔 체벌은 학대로까지 발전할 위험성이 있다. 미국의 아이들은 많은 대가를 치르고 있지만 더 나은 방법을 찾으려는 우리의 시도는 그다지 효과가 없어 보인다. 아동 폭력은 미국 아동 사망의 주요 원인이 되고 있으며, 하루에 12명의 아이들이 학대로 인한 뇌 손상을 입고 있다. 1994년 갤럽의 전국적인 조사에서는 20명 중 1명의 부모가 육체적 학대에 이를 정도로 아이들을 구타했다고 밝혔다. 같은 해 미국에서는 3백만 건의 육체적 학대가 보고되었다. 많은 아이들이 심각한 육체적 부상, 정신적 외상을 겪고 있거나 그 결과로 지적 또는 행동 기능을 상실하고 있다.

아이들에게 화를 내는 것은 국가적인 문제다. 이 문제는 너무 심각해서 우리는 문자 그대로 정서적·심적·육체적으로 수많은 다음 세대의 아이들을 망치고 있다고 할 수 있다.

화가 아동 발달에 미치는 영향

사회과학자들은 아동 발달에 부모의 화와 체벌이 어떤 영향을 미치는지 조사했다. 연구를 통해 밝혀진 바는 다음과 같다.

화내는 부모의 아이들은 더 공격적이고 반항적이다

"매를 아끼면 아이를 망친다."는 유명한 격언과는 반대로 분노에서 나오는 체벌은 반항적이고 통제하기 힘든 아이를 만든다. 수전 크로켄버그(1987)는 어머니의 훈육 기술에 관한 연구에서 화를 잘 내고 가혹한 어머니의 아들도 화를 잘 낸다는 것을 밝혀냈다. 가장 의미심장한 것은, 이 아이들이 화를 덜 내는 부모의 아이들에 비해 반항적이고 말을 잘 듣지 않는다는 것이다. 즈비 스트라스버그(1994)는 이를 증명했다. 그는 교실과 놀이터에서 300명의 유치원 아이들을 관찰하고 그 부모들에게 지금까지 아이들을 어떻게 훈육했는지 물었다. 그 결과 매를 맞고 자란 아이들은 그렇지 않은 아이들보다 더 공격적이었다. 스트라스버그는 매 맞는 횟수가 아니라 매를 맞는다는 것 자체가 공격성을 낳는다고 결론지었다. 매를 맞은 아이들은 신체적인 억압을 통해 다른 사람을 통제할 수 있다고 배우기 때문이다.

페넬로페 트리켓과 레온 쿠진스키(1986)는 학대받는 아이들이 같은 문제를 가지고 있다는 것을 알아냈다. 이 조사는, 정서적 혹은 육체적으로 학대받은 아이들은 더 공격적으로 규칙 위반을 저지르는 반면, 화내지 않는 부모의 아이들은 그렇지 않은 성향을 보여주었다.

화내는 부모의 아이들은 감정이입이 어렵다

크로켄버그는 화내는 어머니의 아이는 부모와 거리를 두고 싶어 하는 경향이 있음을 알아냈다. 반복적인 체벌 때문에 돈독해야 할 어머니와 아이의 관계가 느슨해졌기 때문으로 보인다. 애착 관계를 연구하는 학자들은 어머니와의 관계에서 좌절감을 느낀 아이들은 더욱 자기 집중적으로 변한다고 한다. 예를 들면, 아이 때의 고통을 어머니가 무심코 지나치는 일이 잦다면, 아이가 자라서도 다른 사람들의 욕구나 아픔에 공감하기가 아주 어렵다는 것이다. 1985년 크로켄버그는 젖먹이들의 타인에 대한 인지력을 연구했는데, 아기들이 고통을 느낄 때 자주 방치하면 어머니가 자주 화를 내어도 아이가 무감각해진다는 사실을 밝혀냈다.

화내는 부모의 아이들은 적응 능력이 떨어진다

아브라함 테서와 알은 화내는 부모와 자녀 간의 불화가 청소년기의 적응에 어떤 영향을 미치는지를 살펴보았는데, 이 연구는 아주 중요한 의미가 있다. 그들은 TV 시청이나 숙제와 같은 각각의 특정 상황에서 아버지와 어머니와 청년들이 화를 내는 횟수를 조사해 보았다. 그리고 학업 성취, 사회적 경쟁력, 활동성, 우울증, 적응도 등을 다른 자료와 함께 점수화했다. 그 결과 화내는 부모의 자녀들은 모든 영역에서 부정적인 것으로 드러나 적응도가 낮게 나타났다. 또한 화를 내지 않는 그룹에서는 매우 긍정적인 적응도가 나타났다.

조사 결과는 가족간에 표현되는 분노는 아동의 행동에 영향을 미치고 그(그녀)의 가장 중요한 청소년기에까지 영향을 미칠 것이라는 점을 명확히 보여준다. 당신이 아이에게 자주 화를 내면 정서와 학업, 그리고 사회적인 적응에 이르기까지 아이에게 긴 그림자를 드리우는 결과를 낳는 것이다.

부모의 화와 청소년 비행

부모들이 만성적으로 화를 내면 아이들은 맞받아치고 반항하게 마련이다. 부모의 화와 청소년기의 비행이 관계가 있는 것은 당연하다. 스트라우스는 부모가 체벌을 많이 가할수록, 청소년기의 아이는 부모에게 더욱 많은 비행을 보여준다는 것을 밝혀냈다. 스트라우스의 연구에 따르면, 체벌을 가하지 않은 부모의 아이들은 그 중 단 5퍼센트만이 비행을 저질렀다. 반면, 1년에 30번 이상 체벌을 가한 부모의 아이들은 25퍼센트가 비행을 저질렀다.

　필립 그레빈은 그의 책 《아이를 구하라》(*Spare the Child*, 1990)에서 "비행과 범죄의 뿌리는 체벌이 가장 중요한 요인이다. 체벌은 비행을 저지르거나 범법자가 된 사람의 감정, 환상과 행동의 연료인 분노, 공격성과 충동을 생성한다."라고 결론지었다. 최근 사회의 폭력은 많은 우려를 낳고 있다. 만약 그레빈이 옳다면, 우리는 대중 매체에서 폭력적인 장면을 보여준다고 걱정할 것이 아니라, 가정에서의 폭언과 폭력이 아이들에게 반사회적인 분노의 씨앗이 될 수 있다는 점을 더욱 걱정해야 할 것이다. 그런 씨앗을 심고 싹을 틔우고 키우기까지는 오랜 시간이 걸릴 것이다. 하지만 그런 식으로 부모가 반복적으로 화를 내는 행위는 비행과 폭력 범법자의 씨앗을 심고 물을 주어 키우는 행위와 같다는 점은 누구도 부인할 수 없다.

최근에는 부모가 내는 화의 영향이 대를 이어 전해진다는 증거도 밝혀졌다. 리사 자이디, 존 누스톤과 존 메홈(1989)은 가족에게 체벌을 당하며 성장한 부모의 아이들 또한 반사회적이고 공격적인 문제를 드러낼 가능성이 훨씬 많다는 사실을 발견했다. 그리고 다른 많은 연구에서 언어폭력을 당한 아이들의 1/3이 커서 자신의 아이들에게도 언어폭력을 가하리라는 것을 입증했다.

화내는 부모는 정신적으로 미성숙한 성인을 길러낸다

화를 내는 부모 밑에서 자란 아이들은 그렇지 않은 아이들보다 성장하면서 훨씬 심각한 문제에 직면하게 된다. 특히 여성들은 어린 나이에 분노로 인한 정신적 외상에 노출되고 그것을 견뎌내야만 한다. 코반카와 맥케이는 300건의 가족력을 조사하고 아이들을 교육할 때 부모들이 위협을 하는지 안 하는지를 조사했다. 위협하는 형태는 잦은 구타, 고함과 위해를 가하겠다는 언어폭력 등이었다. 위협을 받으며 성장한 여성들은 감정적으로 무덤덤해진다. 뿐만 아니라 타인과의 친밀감과 유대감에 얽힌 상처를 지니고 있다. 그들의 친구 관계는 오래가지 못했다. 남성들의 경우 이런 문제를 겪지는 않았다. 그러나 위협적인 환경에서 자란 남성들은 더욱 어려운 문제를 떠안고 사는 것으로 밝혀졌다. 그들은 그렇지 않은 남성들보다 연애 관계가 평균 6개월 더 짧게 끝나는 문제를 겪고 있었다.

우울증

성인의 우울증에는 많은 요인이 있다. 그 중 가장 지배적인 요인은 어린 시절에 겪었던 체벌이다. 스트라우스(1994)는 매를 맞고 자란 아이는 그렇지 않은 아이들보다 청소년기에 우울증을 더 많이 앓는다고 보고했다.

청소년기에 매를 맞고 자라면 자살에 대한 생각을 더 많이 한다. 부모의 분노를 체벌로 표현할 때 아이들이 스스로와 세상에 대해 얼마나 불안해하는지에 대한 더 확실한 증거가 있다. 체벌을 받으며 자란 아이는 스스로의 정체성에 대한 자각 정도가 낮으며 행복해지려는 꿈을 이루는 데도 자신감이 부족하다.

왜냐하면 부모가 화를 낼 때 "너는 나빠!"라는 메시지를 너무 자주 전달하기 때문에 아이들이 자아 정체성을 형성하기도 전에 자신이 그렇다고 믿어버리기 때문이다. 그런 아이들이 성인이 되면 세상에 대해 바라는 것이 거의 없다. 자신이 사랑도 성공도 행복도 가질 자격이 없다고 믿기 때문이다.

화내는 부모 밑에서 자란 일부 여성들은 우울증과 자기비하에 빠져 음식 섭취에 문제를 겪기도 한다. 부모가 때리고 고함치고 위협한다면 딸은 자라서 폭식증으로 투쟁하려고 할 것이다. 많은 사람들은 무딘 감정이나 자기비하를 감추려는 노력의 일환으로 폭식을 한다. "너는 나빠!"라는 부모의 말이 머릿속을 울릴 때마다 음식을 입에 쑤셔 넣어야만 하는 것이다.

소외감

스트라우스(1994)는 소외감이 두 가지 강력한 감정의 조합이라고 설명한다. 첫 번째 요소는 무기력감이다. 자신의 삶이 자기 마음대로 될 리 없으며 자신이 원하는 것을 이룰 만한 재능이 없다는 확신이 바로 무기력감이다. 소외감의 두 번째 요소는 "될 대로 되라"는 감정이다. 이는 도덕적 기준의 해이함과 아무것도 하고 싶은 것이 없는 상태로 설명할 수 있다.

스트라우스는 청소년기에 체벌을 더 많이 경험할수록 성인이 되었을 때 소외감을 더 많이 느낄 수 있다는 것을 밝혔다. 이에 대해 그는 우울증과 체벌이 연관되어 있다는 것으로 충분히 설명한다. 우울증은 학습된 무기력감이라고 말할 수 있다. 무엇을 하든 당신이 스스로의 환경을 바꾸거나 통제할 수 없다는 깨달음이다.

육체적인 학대를 겪은 청소년기에 "될 대로 되라"는 식으로 도덕적 기준의 부재를 겪는 중요한 이유가 있다. 육체적 학대를 받은 아이들은 내면화된 의식을 개발하기가 더 어렵다. 부모가 아이를 위협하고 을러서 말을 잘 듣게 하면, 아이가 배우는 유일한 교훈은 "하지 마! 안 그러면 맞는다."라는 것뿐이다. 그리하여 아이들은 교활해져서, 원하는 것을 어떻게 얻어야 할지를 알게 된다.

엄마나 아빠가 보지 않거나 쉽사리 찾을 수 없는 곳이라면 만사 오케이다. 육체적 학대가 의식 성장을 방해하는 이유는 아이들이 더 이상 당신을 기쁘게 하거나 자랑스럽게 하지 않으려 하기 때문이다. 대신에 아이는 고통을 피하려고만 한다. 부모들이 관용과 긍정을 베풀어 아이들이 규칙을 '내면화'하고 스스로의 것으로 만들 수 있도록 해야 한다.

배우자

우리는 화가 부모에게서 아이에게 유전처럼 대물림될 수 있음을 살펴보았다. 그러나 여기서 그치지 않는다. 화내는 가족들 사이에서 성장한 사람은 배우자에게까지 영향을 미친다. 청소년기에 심각한 육체적 학대를 경험한 남성들은 배우자를 때릴 확률도 크다. 육체적 학대를 통해 문제를 해결할 수 있다는 교훈을 갖고 있기 때문에 그들에게는 구타도 납득할 수 있는 것이 된다. 교훈은 이렇다. "누군가의 행동이 어떻든, 거슬리면 무조건 때리면 된다." 부모가 폭력과 위협으로 문제를 해결하는 것을 보고 자란 남성들은 아무리 친밀한 관계의 배우자에게도 폭력적인 해결책을 쓸 수밖에 없다.

직장과 경제적 성취

무감각, 우울증, 소외감 또는 화와 같은 학대로 인한 정서적인 결과 때문에 인생의 성취도가 제한될 수도 있다. 대학을 졸업했다 하더라도, 만약 그 사람이 청소년기에 육체적인 학대를 경험했다면, 직업적 성취나 경제적 성공에서 가장 높은 수준에 도달하기는 어렵다.

 부모는 아이들이 잠재력을 온전히 실현할 수 있도록 모든 기회를 갖기를 원한다. 그러나 화를 통한 교육 방법은 어린이의 모든 가능성에 재를 뿌리는 격이다.

이 책의 활용법

당신이 지금까지 아이에게 어떤 부모였든지 간에 상황을 바꿀 수 있다. 모든 것은 변한다. 당신이 아이에게 내는 화와 아이에게 미칠 영향에 대해 심각하게 염려하고 있다면, 이 책은 부모 – 자녀 간의 갈등을 다스릴 변화의 기회를 제공할 것이다.

당신은 분노가 폭발하기 전 스트레스의 조기 경고신호를 알아차리고 대처해야 한다. 당신은 '방아쇠생각'(이 책 전체에서 아주 중요한 의미를 갖는다. 화가 날듯 말듯 한 상황에서 마치 방아쇠를 당기듯 결정적으로 화를 내게 만드는 생각을 말한다. – 역자 주 –)을 인지하고 바꿀 수 있다. 당신은 아이가 버릇없는 진짜 이유가 무엇인지 확실히 알고 대처할 수 있을 것이다. 오랜 분노의 악순환의 고리를 끊어버릴 문제 해결 기술을 익히게 될 것이다. 그리고 당신은 화를 다스리기 위한 마스터플랜을 개발하여 뿌리 깊은 곳에서부터 당신과 아이와의 관계를 변화시킬 수 있을 것이다.

결코 근거 없는 약속이 아니다. 이 책에서 당신이 배울 것들은 이미 여러 부모들이 사용해 그 효과를 입증했다. 그러나 중요한 것은 반드시 이 방법들을 실천해야 한다는 것이다. 이 책을 읽고 이 책의 생각을 수동적으로 받아들이는 것만으로는 모자란다. 당신은 새로운 기법을 개발하기 위해 노력해야 하며, 연습해야 하고, 새롭게 말하고 반응하는 법을 배워야 하며, 스트레스를 줄이는 방법을 익혀야 하고, 다른 대처 전략도 익혀야 한다.

그러나 이 일을 해내기만 한다면, 당신의 아이에 대한 화내고 좌절하는 오랜 습관은 사라지고 말 것이다. 당신은 더 능률적으로 훈육하고 있다고 느끼게 될 것이다. 그리고 당신의 아이들은 자라서도 화가 끼치는 해에서 벗어나게 될 것이다.

When Anger Hurts Your Kids

2장 문제 있나요?

캐롤 휴젠(1986)은 대다수의 부모들이 아이에게 너무 화가 난 나머지 이성을 잃은 자신을 두려워했다는 사실을 밝혔다. 어느 정도까지 화를 내면 문제가 된다는 걸까? 이 장에서는 당신이 문제가 될 정도로 화를 내고 있는지 알아보는 데 초점을 맞추고 있다.

아이가 꽥꽥거리며 울부짖는 소리는 나를 미치게 했다. 그 소리가 멈추지 않았다면 아이를 갈겨버려야 겠다고까지 생각했다. 나는 딸아이에게 소리를 지르고 거칠게 잡아챈 후 방에 가두어버렸다. 아마도 한 시간쯤 소파에 앉아 생각했을 것이다.
"이렇게 완전히 이성을 잃고 내 아이에게 소리를 지르는 게 나라니, 정말 믿을 수가 없군."
사실은 그렇게 화를 내고 있을 때 나는 완전히 통제력을 상실하고 있었다. 그리고 그것 때문에 나는 무서워졌다.

─다섯 살짜리 딸의 아버지

부모로서, 여러분 모두는 이런 감정이 낯설지 않을 것이다. 사실 통제하기 힘든 감정에서는 순간적으로 아이를 때리고 싶을 수도 있다. 그러나 그 결과가 쌓여 나중에는 아이들이 맞지 않으면 말을 듣지 않는다는 사실에 직면하게 될 때 당신은 후회할 것이다. 부모가 된다는 것은 당신이 지금까지 겪은 일 중에 가장 스트레스가 많을 것이다. 늦은 밤, 긴 시간 동안 무한한 책임과 끝도 없이 보살펴 달라는 요구를 감당해내야 한다. 모든 부모들이 이런 상황에서 오는 피로감을 느끼고 있다. 모든 부모들이 엄청난 스트레스와 갑작스럽게 울컥 치미는 화와 싸우곤 한다.

이 책을 읽고 있다면, 당신은 부모로서 아이에게 화내는 일에 대해 걱정하고 있을 것이다. 문제는 얼마나 심각할까? 캐롤 휴센(1986)은 대다수 부모들이 아이에게 너무 화가 난 나머지 이성을 잃은 자신을 두려워했다는 사실을 밝혔다. 어느 정도까지 화를 내면 문제가 된다는 걸까?

이 장에서는 당신이 문제가 될 정도로 화를 내고 있는지 알아보는 데 초점을 맞추고 있다. 당신과 아이와의 관계에서 당신이 화내는 정도와 그 영향을 확인하기 위해 3단계에 걸쳐 평가할 것이다. 스스로를 평가하는 동안, 당신은 부모로서 얼마나 화를 냈는지 가능한 한 솔직하게 자신의 경험을 돌이켜보라. 지난 일들을 돌이켜보는 동안 당신 자신과 아이를 측은하게 생각하라. 모든 부모들이 화와 씨름하고 있다는 것을 명심하라.

당신의 화지수 평가하기

자신이 얼마나 화를 내는지 그 정도를 평가하기는 어렵다. 다른 모든 감정과 마찬가지로 화는 주관적인 감정이기 때문이다. 어떤 부모는 지극히 정상적인 8살짜리 소녀에게 매일 신경질을 퍼부으면서도 자기가 정상이라고 믿으며 전혀 문제 삼지 않을 수도 있다. 어떤 부모는 일주일에 2번, 5살짜리 아이에게 소리를 지르고는 죄의식으로 괴로워할지도 모른다.

견주어 평가할 만한 명백한 기준이나 지침이 없기 때문에, 당신이 화내는 정도가 평균에 비해 너무 높은지 또는 낮은지 감을 잡기가 매우 어렵다.

당신의 종합 화지수(Overall Anger Level)를 객관화하기 위한 가장 좋은 방법은 남들과 비교하는 것이다. 미시시피의 빌록시 시에 있는 VA 병원의 버지니아 드로마와 링컨 시의 네브라스카 대학에 있는 데이비드 한센(1994)은 단 한 가지 목적을 위해 부모화평가표(Parent Anger Inventory)를 개발했다. 부모 166명의 점수를 보면서 평균 범위를 산정해내고, 어느 정도의 수치에 이르면 문제로 볼 수 있는지 밝혀내기 위해서다. 다음에 보이는 질문지는 PAI(부모화평가표)에서 쓰였던 질문지를 그대로 옮긴 것이다. 시간이 좀 걸리더라도 이 질문지를 채워보자.

부모화평가표

아래는 부모를 화나게 하는 상황을 나열한 것이다. 설명을 읽고 난 후, 두 가지 방식으로 그 상황을 평가하라.

1. 그 상황이 당신을 얼마나 화나게 했는가?
2. 지금 당장 그 상황이 당신에게 문제인가 아닌가?
   (또는 지난달에도 그랬던가?)

이 상황이 당신을 얼마나 화나게 하는지 점수를 매기라.

1 – 전혀 그렇지 않다   4 – 많이 그렇다
2 – 약간 그렇다   5 – 극도로 그렇다
3 – 그렇다

자신의 상태에 해당하는 숫자를 왼쪽 네모 칸에 써넣는다.
지난달에 그 상황이 문제였다면 오른쪽 칸에 √를 표시한다.
각각의 상황에 대해 당신의 화지수를 분명하게 평가하라 – 지난달에는 문제로 표시하지 않았다 하더라도 이번 달에 문제였다면 표시해야 한다.
각각의 문제 상황에서 왼쪽 칸(얼마나 화나는가?)을 먼저 표시하고, 오른쪽 칸(지난 달에 이 상황이 문제였나?)을 표시한다.

이 상황에서	지난달에 이런
얼마나 화가 났는가?	상황이 문제였나?

1 — 2 — 3 — 4 — 5
◀ 전혀 그렇지 않다　　아주 그렇다 ▶

체크

1. 아이들을 자리에 눕혀 이불을 덮어주었는데도 침대에서 빠져나온다. ( )

2. 아이에게 뭔가를 해달라고 부탁했는데도 하려고 들지 않는다. ( )

3. 당신의 아이는 불평한다.(예를 들어 TV를 꺼야 한다거나 뭔가 재미있는 일을 그만두어야 할 때) ( )

4. 아이가 집을 온통 엉망으로 만들어놓는다. ( )

5. 집 안에 쓰레기를 버린다.(이쑤시개나 음식 등) ( )

6. 아이가 당신을 성가시게 하는 일을 끊임없이 반복한다.(CD를 틀거나 유치원에서 배운 노래를 계속 부른다.) ( )

7. 아이가 부모의 허락도 받지 않고 뭔가를 한다.(부모의 물건을 가지고 놀거나 밖으로 나간다.) ( )

8. 아이에게 뭔가를 시켰는데 "벌써 다했어요."라고 하지만 그게 거짓말임을 안다. ( )

9. 사용해서는 안 될 것을 가지고 놀려고 한다.(화장품이나 도구들) ( )

10. 아침에 일어나서 이불을 개지 않는다. ( )

11. 집을 나서면서도 자신의 물건들을 그대로 내버려둔다. ( )

12. 하지 말라고 했는데도 계속 어떤 일을 한다. ( )

13. 가게 앞에서나 집에서 뭔가를 사달라고 했을 때 "안 돼!"라고 하면 아이가 소리를 지른다. ( )

14. 아이가 형이나 누나 또는 언니, 동생에게 소리 지른다. ( )

15. 당신이 일하거나 대화 중일 때 너무 시끄러운 소리를 낸다. ( )

16. 당신이 일하거나 대화 중일 때 당신을 괴롭힌다. ( )

17. 당신이 다른 사람의 집에 갔을 때 아이들이 그 집의 물건을 가지고 간다. ( )

18. 아이가 일부러 물건을 부순다. ( )

19. 공공장소에서 말을 듣지 않는다. ( )

20. 아이가 당신과 대화할 때 욕을 한다. ( )

21. 음식이나 음료를 쏟는다. ( )

22. 아이가 자기 마음대로 할 수 없을 때 토라지거나 뾰로통한 얼굴을 한다. ( )

23. 아이가 일부러 사실이 아닌 말을 한다. ( )

24. 아이가 자려고 하지 않는다. ( )

25. 아이가 너무 시끄럽게 논다. ( )

26. 아이가 자다가 오줌을 싼다. ( )

27. 아이가 바지에 설사를 한다. ( )

28. 자기 것이 아닌데도 물건을 집어간다. ( )

29. 아이에게 부탁을 하거나 질문을 했는데도 대답하지 않는다. ( )

- 30. 아이가 똑바로 서 있을 수 없다. ( )
- 31. 지금 당장 뭔가를 해달라고 떼를 쓴다. ( )
- 32. 당신이 뭔가를 이야기하고 있어도 아이가 들은 체도 하지 않는다. ( )
- 33. 장난감을 다른 아이들과 함께 쓰려고 하지 않는다. ( )
- 34. 다른 사람과 이야기하고 있을 때 아이가 끼어든다. ( )
- 35. 가게에만 가면 뭔가를 집어 들고 사달라고 한다. ( )
- 36. 가게에만 가면 항상 뭔가를 건드린다. ( )
- 37. 자동차를 타고 있을 때 시트에 앉아 있으려고 들지 않는다. ( )
- 38. 아이의 학교 담임이 아이의 학교생활에 문제가 있다며 전화를 한다. ( )
- 39. 자동차를 타고 있을 때 고함치고 소리를 지르며 싸우기도 한다. ( )
- 40. 학교에서 품행이 단정하지 않다. ( )
- 41. 아이가 운다.(다른 것보다도 몸이 아프다는 이유로) ( )
- 42. 식탁 위에 음식을 던진다. ( )
- 43. 음식을 다 먹기도 전에 일어섰다 앉기를 반복한다. ( )
- 44. 아이가 자신이 해야 할 정리 정돈이나 양치질 같은 것을 게을리 한다. ( )
- 45. 당신이 일진이 안 좋을 때 아이가 버르장머리 없이 행동한다. ( )

■ 46. 당신에게 말도 하지 않고 집을 나가 돌아다닌다.   (   )

■ 47. 학교에 갔다가 집으로 곧바로 돌아오지 않는다.   (   )

■ 48. 아이가 위험한 것을 가지고 논다.   (   )

■ 49. 차도로 달려든다.   (   )

■ 50. 카운터나 집 주위의 위험한 곳에 기어오른다.   (   )

이제 앞으로 돌아가서 지금까지 왼쪽 난에 표시한 모든 점수를 더한다. 그 숫자들의 총합이 당신의 부모 종합 화지수다. 이 조사에 응한 부모 166명의 평균 점수는 98점이었다. 즉 50퍼센트의 부모들은 98점이거나 그보다 낮았다는 이야기다. 다음은 오른쪽 빈 칸에 √표를 친 개수를 합해보자. 이 조사에서 문제 있는 부모들이라고 추정한 개수는 20개였다. 즉 50퍼센트의 부모들이 20개나 그보다 적은 수의 항목에 √표를 했다는 것이다. 이 평균 점수와 비교하면 당신이 다른 부모에 비해 어느 수준에 있는지 감을 잡을 수 있을 것이다.

부모화평가표 결과의 이해

당신의 종합 화지수가 98이상이라면, 당신의 화 정도는 평균보다 높다. 당신은 아이에게 내는 화를 다스리는 데 문제가 있는 것이다. 그러나 이 시점에서 명심해야 할 점이 있다. 부모화평가표의 지수는 당신의 분노 중에서 오로지 한 측면만을 다룬다는 점이다. 이런 척도로 당신의 육아의 질을 평가하거나 화에 대처하는 일반적인 능력을 말할 수는 없다. 단지 당신이 평균적인 부모보다 화를 많이 낸다는 것을 말해주고 있을 뿐이다. 이 책에 쓰인 노하우를 읽어가다 보면, 부모화평가표 지수를 통해 당신이 얻은 정보로 목표를 세우고 변화를 위한 프로그램을 개발하는 데 도움을 얻을 수 있다.

당신의 화지수가 대부분의 부모들보다 낮다면 좋은 일이다. 당신의 총체적인 화의 반응이 평균보다 높지 않음을 뜻한다. 그럼에도, 부모화평가표의 측정 시야는 매우 한정적이라는 사실을 아는 것이 중요하다. 이 검사는 부모 집단 중에서 일반적인 경향을 반영할 뿐이다. 당신의 경험을 다른 일반적인 경험치와 비교한다는 점에서 도움을 받을 수는 있다.

하지만 이 평가가 개개의 부모─자녀 관계의 독특한 개성을 반영하지는 못한다. 또한 부모화평가표로 정의할 수 없는 방식으로 아이에게 화를 내는 것도 문제가 될 수 있다.

고려해야할 다른 요소

분노, 실망이나 좌절에 대한 참을성 그리고 화에 대처하는 능력이 부모에 따라 다른 것처럼, 아이도 부모의 화에 각각 다르게 대응한다. 부모─자녀 간의 관계에서 화의 영향을 제대로 평가하려면, 당신은 가장 중요한 특질 중의 하나인 아이의 화에 대한 민감도를 고려해야 한다. 같은 행동이라도 어떤 아이는 한 시간이 지나면 아무 일도 없었던 일로 여기는가 하면, 다른 아이는 하루 종일 수치심이나 좌절감에 괴로워할 수 있다. 아이들이 부모의 고함, 변덕, 체벌, 부정 등에 대응하는 정도는 매우 다르다. 당신의 화지수가 평균 이하라고 하더라도, 아이의 화에 대한 민감도가 평균 이상일 수 있다. 자녀와의 관계에서 화가 정말 문제인지를 깊이 이해하려면, 아이의 독특한 개성이 무엇인지 주의 깊게 살펴보아야 할 것이다.

생각해봐야 할 또 다른 특질은 화의 스타일이다. 부모가 화를 내고 표현하는 스타일은 아이에게 큰 영향을 미친다. 부모가 약간 신경질을 내면서 "네 목소리를 듣기만 해도 짜증이 난다. 다리 밑에서 주워온 자식인지, 원." 이라고 말하면, 격노한 부모가 "나는 네가 이러는 것에 정말 화가 나는구나. 집에 가면 방에 들어가서 내가 부를 때까지 나오지 않았으면 한다." 라고 말하는 것보다 아주 심각한 상처를 줄 수 있다. 아주 온화한 부모조차도 아이의 정체성을 공격하면서 화를 내는 경우가 있다. ("나쁜 자식, 멍청하기는. 지 에비를 닮아서 그렇지 뭐.") 또는 협박을 하는 수도 있다. ("내가 그만하라고 했지. 한 번만 더 하면 어떻게 되나 보자.")

아무리 머리끝까지 화가 났더라도 위와 같이 말하면 훨씬 부정적인 결과를 초래할 수 있다. 다음과 같이 정확하게 표현하는 것이 낫다. "네가 소리를 크게 질러서 옆에 갈 수가 없잖아. 울지 말고 대화할 수 있을 때까지 방에 들어가 있어." 당신이 화내는 스타일을 면밀히 살펴보고 아이의 갈등에 어떻게 영향을 미칠지 생각해보라.

 **당신의 아이에게 미치는 영향 평가하기**

위험 신호 찾기

같은 상황이라도 당신과 아이가 다른 식으로 반응할 수 있다는 것을 명심하길 바란다. 당신은 사소한 실랑이로 여길 수도 있지만 아이에게는 생각보다 엄청난 충격으로 다가올 수도 있다. 왜냐하면 아이들은 언어로 자신의 감정을 적절하게 전달하지 못할 때도 있기 때문이다. 아이가 어떻게 느끼는지를 알려면 행동을 주의 깊게 관찰하는 것이 가장 효과적이다.

아래는 부모의 화에 부정적으로 반응하는 아이들의 행동 중 흔히 볼 수 있는 것들이다. 이런 행동들을 눈여겨보라. 다음의 것들은 문제가 있음을 알리는 적신호들이다.

- 아이가 뭔가 시도하기를 두려워한다. 꾸중이나 핀잔을 들을까봐 두려워 새로운 도전이나 과제에 도전할 엄두를 못 낸다.
- 아이가 자신보다 어린 동생들에게 욕설을 하고 화나게 하여 상처를 준다.
- 아이가 또래 아이들의 놀이나 활동에 흥미를 보이지 않거나 우울하거나 둔감하다.
- 아이가 당신과 시간을 보내거나 어딘가를 가거나 당신과 노는 것에 저항감을 보인다.
- 아이가 학교에서 문제를 일으킨다.(아주 움츠려들거나 신경질적이거나 다른 아

이들에게 공격적이다.)
- 아이가 자신감이 없는 것처럼 보인다.(자신이 수행한 결과나 행동에 대해 언제나 불만족스럽거나, 자신에 대해 부정적인 인식을 가지고 있음을 보여준다.)
- 아이가 다른 사람이 다쳤거나 슬퍼할 때 동정심을 보이기는커녕 시큰둥한 반응을 보인다.

부모가 내는 화의 정도가 심한 아이들은 위에서 열거한 위험 신호 행동을 보인다. 물론 이런 문제는 부모의 화가 아니라 다른 문제 때문일 가능성도 있다. 아이의 행동을 지켜보는 것이 중요하다. 그것만으로 완전한 해답을 얻을 수는 없지만, 적어도 당신과 아이와의 관계에 존재하는 복합적인 역학을 파악하는 데 많은 정보를 얻을 수는 있다.

아이에게 말 걸기

부모-자녀 간의 관계에서 화의 영향을 정확히 평가하는 가장 좋은 방법은 아이에게 직접 물어보는 것이다. 물론 이 방법에 한계는 있다. 어느 정도는 자란 아이여야 하고, 자신의 감정을 표현하는 능력과 의지가 있는 아이일 때만 가능하다.

아이가 자신의 경험이나 감정을 말할 수 있을 만큼 자랐는데도, 당신과 이야기하기를 불편해 한다면 제3자의 도움을 구하라. 아이가 신뢰할 만한 심리상담가나 다른 성인에게 도움을 받아 말문을 열 만한 상황을 만드는 것이 좋다.

아래의 목록은 당신이 내는 화 문제로 아이와 대화하는 데 쓰일 수 있는 질문의 본보기다.

- 내가 화났을 때 무서웠니?
- 내가 너에게 화낼 때 자신이 나쁜 아이라는 생각이 들었니?
- 나쁜 감정이 오래 계속됐니?
- 내가 너에게 화낼까봐 걱정돼?
- 네가 어떤 일을 할 때 내가 화나는지 알겠니? 아니면 왜 화내는지 모른 채 내가 화낼 때마다 깜짝 놀라니?
- 내가 화낼 때 너를 때릴까봐 겁나니?

평소 꺼림칙했던 일, 아이가 싫어하거나 겁내던 일들을 토대로 당신만의 특화된 질문을 만들 수도 있다.

원다는 7살 난 프랭크에게 위의 목록 중 몇 가지를 질문했다. 그녀는 아이의 분명한 대답에 깜짝 놀랐다. "응, 나는 엄마가 내 팔을 거칠게 잡아끌고 크게 소리 지를 때 무서워.……어떤 때는 엄마가 아침부터 나에게 화를 너무 많이 내면 학교에 가서도 기분이 안 좋아.……내 생각에 나는 나쁜 아이 같아.……나는 엄마가 왜 그렇게 화를 내는지 모르겠어. 내가 아침밥 먹기 싫다고 할 때나 짜증낼 때 웃은 적도 있잖아." 프랭크는 원다의 질문을 아주 진지하게 받아들였다. 그리고 원다 역시 프랭크의 대답에 대해 진지하게 생각했다.

화 일기 쓰기

지금까지 이 장의 초점은 당신의 화지수를 평가하고 화가 당신의 아이에게 미치는 영향을 알아보는 것이었다. 이제 좀더 실질적인 갈등 상황에 대해 알아보자. 어떤 일 때문에 당신이 화나는지, 화가 얼마나 나며 얼마나 표현하는지, 또 화를 어떻게 내는지와 같은 것들 말이다. 이를 위해 당신은 화 일기를 쓸 필요가 있다. 당신의 일상에서 화의 원인과 영향에 관심을 집중하면, 당신과 아이 사이의 복잡다단한 화의 역학을 이해할 수 있는 모종의 패턴을 도출할 수 있다. 당신은 아이와 갈등을 겪고 있을 때 화 일기의 도움을 받아 생각과 행동에서 중요한 변화를 이룰 수 있을 것이다.

우선 노트나 끼웠다 뺐다 할 수 있는 바인더를 구입하라. 그 노트를 침대 또는 당신이 혼자 있는 시간이 많은 곳에 비치해 두라. 오늘부터 시작하여 하루 종일 그 노트와 함께 지내며, 일기에 아이와 있었던 화에 얽힌 이야기를 적어두라. 다섯 개의 항목으로 나누고 일기를 쓰기 시작하라. 거기에는 다음과 같은 내용을 적으면 된다.

- 날짜
- 화를 유발한 상황
- 얼마나 화가 났는지 1부터 10까지 중에 적는다. 1은 아주 경미한 것이며 10은 지금까지 살면서 겪었던 것 중 가장 격렬한 것이다.

- 화를 얼마나 표현했는지 1부터 10까지 중에 적는다. 1은 아주 경미한 것이며 10은 지금까지 살면서 겪었던 것 중 가장 격렬하게 화를 표현한 것이다.
- 상황의 결과를 두 개로 나누어 적어야 한다.

   a) 아이가 순종하도록 잘 이끌었는가? (1부터 10까지 점수를 매기라)

   b) 당신은 그 결과에 얼마나 만족하는가? (1부터 10까지 점수를 매기라)

   당신은 결과에 대해 자세히 묘사해서 적고 싶을 수도 있다. 그렇게 해두면 훗날 일기를 다시 들추어볼 때 무슨 일이 일어났는지 더 자세히 알 수 있다.

일기의 빈 칸은 다음과 같이 채워질 것이다.

날 짜	상 황	화의 느낌	화의 표현	결 과
				a. 순응 b. 만족

2주 동안 이런 형식으로 일기를 적는다. (이 책의 후반부에서 일기의 형식을 바꾸게 될 것이다.) 여기서 당신은 5가지를 배울 수 있다.

- 당신은 얼마나 자주 화를 내는가?
- 당신만이 전형적으로 느끼는 화는 얼마나 강렬한 것인가?
- 화를 얼마나 조정하는가? '화의 느낌' 점수에서 '화의 표현' 점수를 빼면 화조정지수가 된다. 기본적으로, 실제 화를 표현할 때 그것을 어떻게 누그

러트리고 부드럽게 하느냐에 달려 있다.

- 당신의 화는 얼마나 효율적인가? 아이가 당신의 말에 귀를 기울이고 명심하는가? 아니면 아이도 덩달아 화를 내고 반항하는가? 아이가 당신 말에 따르는가? 아니면 전혀 따르지 않는가? 당신이 지켜보고 있을 동안에만 당신의 말을 따르는가?

- 당신은 결과에 얼마나 만족하는가? 화의 대가는 효율적인가? 최소한의 해만 입히고 원하는 바를 이루었는가? 아니면 아이가 그런 경험을 하고 나서 상처받거나 좌절했는가?

보기

패티는 30대 초반의 일하는 여성이자 엄마다. 어느 날 외출했다가 돌아오니 친구들과 놀던 9살짜리인 제이슨이 엄마가 하지 말라고 몇 번이나 당부한 짓을 저지르고 있었다. 엄마의 제도용 책상 위에 잡지를 놓고 칼로 사진을 오리고 있었는데, 그 과정에서 그 밑에 깔려 있던 엄마의 설계도가 갈기갈기 찢어졌다.

그녀는 뒷마당으로 아이들을 데리고 나가 아이의 친구들 앞에서 소리를 질렀다. 그리고 친구들을 모두 집으로 돌려보내고 제이슨을 방에 가두어 그날 저녁 TV를 보지 못하게 했다. 다음은 그녀가 잠들기 전에 작성한 화 일기다.

날짜	상황	화의 느낌	화의 표현	결과
8/17	제이슨은 내 책상을 어지럽히고 설계도를 망쳤다.	7	5	a. 9 – 아이는 곧바로 방으로 들어갔다. b. 4 – 아이는 벌을 받을 만한 짓을 했지만 내가 이성을 잃은 건 기분이 좋지 않다.

When Anger Hurts Your Kids

3장 당신이 화를 내는 이유는?

부모로서 당신은 매일 당신의 인내심을 시험하고 당신의 한계에 접근하는 상황을 겪을 것이다. 이 장에서 당신은 모든 화나는 상황에 존재하는 기본적인 요소들을 배우게 될 것이다. 일상적으로 받는 육아의 스트레스에 대처하는 방법을 익히면서 자신의 '방아쇠생각'을 평가해볼 것이다.

When Anger Hurts Your Kids

시계는 벌써 아침 8시 15분을 가리키고 있었지만 제시카는 여전히 신발의 다른 한 짝을 찾고 있었다. 차에 시동을 건 지 몇 분이 지났고 제시카의 아버지 폴은 잠시 후에 맞닥뜨릴 교통체증을 떠올리며 점점 참을성을 잃어가고 있었다. 그는 제시카에게 신발은 아빠가 찾을 테니 뛰어가서 이를 닦고 오라고 했다. 침대 밑과 벽장을 뒤지고 나서, 그는 마침내 화장실 안에서 문 뒤쪽에 숨겨놓은 신발 한 짝을 발견했다. 그가 거실로 돌아갔을 때 제시카는 이를 닦기는커녕 TV 만화를 보느라 정신이 팔려 있었다. 그 모습에 폴은 더 이상 참을 수 없었다. TV를 두들기듯 끄고 떠나갈 듯 큰소리로 고함을 질렀다. "지금 당장 이 닦고 옷 입고 와. 안 그러면 맞을 줄 알아. 알겠니?"

마리아는 늘 그랬듯 이웃과 함께 차에 싣고 온 식료품을 꺼내고 있었다. 다른 때와 마찬가지로 고양이를 쓰다듬으며 놀고 있는 4살짜리 에디에게 눈길을 주고 있었다. 갑자기 그녀는 뭔가가 휙 지나가는 소리와 자동차의 경적 소리를 들었다. 에디가 지나가는 차에 돌을 던지고 있었던 것이다. 마리아는 식료품이 든 가방을 떨어뜨리고 에디를 움켜잡고 번쩍 들어올렸다. 무섭고도 놀라 거의 정신을 잃다시피 한 마리아는 아이에게 계속해서 소리쳤다. "그러면 사고가 난단 말이야. 절대로, 절대로 그러면 안 돼!"

어느 더운 오후 5시 30분이었다. 아이들은 배가 고팠고 교통체증 때문에 차들은 움직이려 들지 않았다. 뒷좌석에서는 두 아이 데릭과 타냐가 티격태격하고 있었고, 린다는 라디오에서 흘러나오는 노래를 따라 흥얼거리고 있었다. 린다는 아이들에게 저녁으로 무엇을 먹고 싶으냐고 물었다. 아까부터 뒤쪽의 티격태격하는 소리가 심상치 않아 예방책으로 아이들을 달래려던 것이다. 그러나 때는 이미 늦었다. 뒷좌석의 고함 소리는 더 커졌다. 데릭이 타냐를 때린 것이다. 화난 타냐의 울음소리가 차 안을 메웠다. 린다는 무슨 일인지 묻기도 전에 급하게 브레이크를 밟아 차를 멈추고는, 한 번만 더 소란을 피우면 둘 다 저녁을 굶을 줄 알라고 소리쳤다.

당신이 혼자서 아이를 키우든 배우자와 함께 육아를 책임지든, 위에서 묘사한 것과 비슷한 경험을 했을 것이다. 부모로서 당신은 매일 당신의 인내심을 시험하고 당신의 한계에 접근하는 상황을 겪을 것이다. 당신이 폴, 마리아와 린다에게 무엇 때문에 그렇게 화를 내느냐고 묻는다면, 그들의 대답은 각각 다를 것이다. 아이를 학교에 데려다주는 데 지친 폴과, 두려움과 당황함에 어쩔 줄 몰라 화가 난 마리아와, 긴 하루의 끝에 스트레스가 쌓일 대로 쌓인 린다의 대답은 서로 다를 수밖에 없다. 하지만 그 차이에도 불구하고, 이 셋은 공통적인 경험을 지니고 있다.

이 장에서 당신은 모든 화나는 상황에 존재하는 기본적인 요소들을 배우게 될 것이다. 아래에 묘사하는 화의 2단계는 화의 원인뿐만 아니라 화를 내는 것이 스트레스를 줄이는 데 중요한 기능을 한다는 것을 조명한다. '방아쇠생각'은 폴, 마리아와 린다의 경험을 다시 한번 돌이켜봄으로써 설명할 수 있다. 이 장의 후반부에서 당신은 일상적으로 받는 육아의 스트레스에 대처하는 방법을 익히면서 자신의 '방아쇠생각'을 평가해볼 것이다.

화의 2단계 모델

> 내가 내는 화 때문에 겁이 날 때가 있다. 그리고 싶지 않은데도 화를 쌓아두고 있을 때가 있다. 그리고 시간이 지난 후에 죄책감을 갖곤 한다.
> ― 3살, 6살짜리 두 아이의 엄마

내가 점점 더 화를 내고 있다는 사실 때문에 어찌해야 할 바를 모르겠다. 내가 폭발할 시점이라는 것을 알고 있지만, 앞으로 벌어질 일을 걷잡을 수 없을 것 같다.

—9살짜리 소년의 아버지

화는 모두에게 힘든 일이다. 걷잡을 수 없이 화가 난 적이 한 번도 없다고 주장하는 부모들은 스스로를 농락하고 있을지도 모른다. 화는 강력한 감정이며, 컨트롤하기 힘든 만큼 이해하기도 힘들다. 그래서 화 다스리기를 배우기 위한 1단계는 화가 어디에서 비롯하며 어떻게 작용하는지부터 아는 것이다.

화의 반응에는 언제나 두 가지 특수한 요소가 선행된다. 스트레스와 '방아쇠생각'이다. 둘 중 하나만으로는 화를 생성해낼 수 없다. 스트레스가 불쏘시개고 '방아쇠생각'이 성냥이다. 불을 밝히려면 두 가지를 모두 갖추어야 한다. 폴의 예를 떠올려보자. 아빠는 어서 집을 나서려고 노력하고 있는데 거실에서 TV를 보고 있는 딸을 만나자 화가 났다. 화의 2단계 모델을 염두에 두면, 폴의 스트레스와 '방아쇠생각'이 결합되어 그날 아침 화 반응을 일으켰음을 알 수 있다.

폴은 이미 잠재적인 스트레스를 지니고 있었다. 때문에 TV를 보고 있는 제시카를 만났을 때 폴은 기가 막혔다. 그가 혼자 아이를 키우기 전까지만 해도 우선순위는 직장에서의 일이었다. 그는 프로젝트를 위해 특별한 노력을 기울이는 자신이 자랑스러웠고, 필요하다면 기꺼이 긴 시간 동안 일에 몰두하곤 했다. 육아를 시작했다는 것은 우선순위의 재조정과 업무의 한계를 인정함을 뜻한다. 폴은 최근 들어 사무실에 지각하는 횟수가 점점 늘고 있으며 그의 상사가 그에게 실망하고 있다는 것을 느낄 수 있었다. 그날 아침에는 여느 때보다 더 일찍 출발하려고 특별히 노력을 기울이고 있었다. 그렇게 공을 들였음에도 역시 그날도 지각을 면하기 힘들다는, 그리고 상사에게 지각해서 죄송하다고 또 사과해야 한다는 사실을 알았을 때 그의 불만은 극에 달했다.

폴이 이미 지니고 있었던 스트레스가 화를 촉발하는 데 큰 역할을 했다손 치더라도, 스트레스만으로는 화가 터져 나오지 않았을 것이다. 불안하고 불만스러웠지만 화가 폭발하는 상태는 아니었을 것이다. 걱정과 긴장에서 화를 내도록 폴을 벼랑 끝으로 밀어붙인 '방아쇠 생각'이 부채질을 했을 것이다.

어쨌든 빨리 출발해 보려고 마지막까지 안간힘을 쓰다가, 폴은 제시카와 일을 나누어야겠다고 생각했다. 그는 제시카의 신발 한 짝을 찾고, 제시카는 이를 닦으면 된다. 그러면 5분 안에 집을 나설 수 있다. 그러나 손에 신발을 들고 거실에 들어섰을 때, 그는 제시카가 여전히 TV 앞에 퍼져 앉아 있는 것을 보았다. 그가 첫 번째로 떠올린 생각은 "일부러 나를 무시하네."와 "계속 이렇게 기다리느니 단단히 가르쳐 놓고 말겠다."는 것이었다. 이 두 가지 생각 때문에 그의 긴장은 화로 점화되고 만 것이다. 그는 TV를 때리듯이 껐고 딸에게 고함을 질러 움직이게 했다.

화의 기능

스트레스와 화가 밀접한 연관성을 가진 중요한 이유가 있다. 당신은 화를 냄으로써 스트레스를 줄일 수 있다. 화의 주요한 기능은 스트레스를 줄이는 데 있는 것이다. 화는 고통스러울 정도의 감정적 혹은 육체적인 흥분(스트레스)의 지각awareness 상태를 방출하거나 차단한다. 스트레스가 증가할수록 불편함도 증가한다. 만약 스트레스의 정도가 너무 심해 참을 수 없는 정도가 되면, 표면 위로 떠오르는 긴장을 어느 정도는 완화시켜 줄 수 있는 신속한 수단이 등장한다. 바로 화가 폭발하는 것이다.

마리아의 경우를 떠올려보자. 그녀는 에디가 지나가는 차에 돌을 던지자 즉각적으로 화로 반응했다. 스트레스가 얼마나 빨리 화로 전환하는지 알 수 있는 본보기다. 차의 경적 소리와 돌을 던지고 있는 아이의 모습은 즉각적으로 거의 참기 힘들 정도의 스트레스 반응을 일으켰다. 에디에게 고함치고 에디의 어깨를 움켜잡은 것은 그녀를 향해 범람하는 두려움과 당혹스러움의 출구 역할을 한 셈이다.

부모의 스트레스

부모의 스트레스는 갖은 형태로 온다는 것을 알 수 있다. 아이를 돌본다는 것은 근사한 책임만은 아니다. 온전한 헌신과 무한한 인내와 끊임없는 관심이 필요한 일이다. 다음은《화로 상처받을 때》(*When anger hurts*, 맥케이, 로저스 1989)라는 책에서 뽑은 목록인데, 부모로서 당신이 하는 일의 환경을 설명한다.

1. 긴 시간

당신은 매일 매시간 대기 상태여야 한다(주말과 휴일까지 포함해서). 만약 집이 아닌 다른 곳에서 일한다면, 육아는 당신이 집을 떠나기 전에 시작되고 집에 돌아왔을 때 재개된다. 그러나 그 일은 잠자리에 든다고 끝나지는 않는다. 유아나 영아들은 밤새 잠을 설칠 수도 있다. 아이가 아프거나 악몽을 꾸면 당신도 밤새 잠을 못 이룰 수 있다.

2. 아이들은 놀라울 정도로 잘 어지른다

당신은 온 집안에 널려 있는 음식, 장난감, 옷 등의 물건을 제자리에 두거나 쓸고 닦고 청소하는 일에 많은 시간과 에너지를 써야 한다. 자기 장난감은 스스로 정리하는 아이라 할지라도 아이가 청소를 잘 할 수 있도록 격려하고, 관리하고, 훈련하고, 지원하고 협력해야 한다.

3. 아이들은 시끄럽다

아이가 있는 가정에서는 언제나 웃음, 비명, 울음소리가 떠날 날이 없다. 아이들은 끊임없이 질문을 한다. 정숙함이 필요한 독서나 전화 통화 또는 대화를 할라치면 언제나 전쟁을 벌여야 한다.

4. 아이를 돌보려면 반복적이고 소모적인 일을 해야 한다

세탁, 쇼핑, 조리는 끝나지 않을 것이다. 아이들을 끝도 없이 데리고 다녀야 한다. 스포츠 경기나 댄스 강습에서부터 치과에 이르기까지.

5. 아이들은 자기중심적이다

아이들은 당신이 녹초가 됐든, 인내심을 잃었든, 스트레스에 찌들었든 알지 못하는 경우가 태반이다. 타인에게 공감한다든지 동정하는 것과 같은 사회적인 기술은 오랜 시간이 지나야 습득할 수 있다.

6. 아이들은 한계를 시험한다

보통 아이들은 지속적으로 자율권을 추구한다. 아이들은 그들의 권익을 위해 더 많은 것을 원하며 더 많은 것을 요구할 것이다. 그리고 당신의 판단력과 권위에 질문을 던진다. 이제 막 "아니오"라는 말을 배우기 시작한 두 살짜리 아이부터 반항적인 십대에 이르기까지 어린이들은 성장하기 위해 한계를 시험하고 규칙에 도전할 것이다.

7. 아이들에게는 엄청난 관심과 관용이 필요하다

그들은 부모의 관심을 자기들이 아닌 딴 데로 돌리는 어떤 것과든 어떤 사람과든 경쟁한다. 관심을 끌기 위한 아이들의 전략은 공공연하고 명백하거나(나를 봐, 나를 쳐다봐, 나를 봐줘) 은밀하고 간접적이다.(형제자매와의 싸움, 파괴적인 행동, 학교에서의 낮은 성취도)

8. 아이들은 당신이 24시간 각성 상태이기를 바란다

아이들은 즉각적이고 잠재적인 위험으로부터 보호받아야 한다. 어린 아이의 부모는 뜨겁고 날카롭고 작은 부스러기를 아이가 삼키지 않도록 늘 지켜보아야 한다. 좀더 자라 집 밖에서 노는 아이가 있다면 자전거나 자동차 사고가 나지는 않을지, 운동장에서 다치지는 않을지, 낯선 사람에게 해를 당하지는 않을지 노심초사한다. 아무리 아이를 잘 보는 부모라 할지라도 아이가 100퍼센트 안전하다고 느낄 수는 없다.

위의 모든 사항들을 다 감당하자면 부모가 일상의 다른 스트레스는 면제받아야 마땅할 것 같지만, 부모가 된다는 것은 당신이 이룩해야 할 다른 모든 것들 중 하나의 역할일 뿐이다. 당신은 세상에서 일반적으로 성인들이 경험하는 일상적인 스트레스 또한 감당해야 한다. 당신이 부모의 책임감 때문에 이리 뛰고 저리 뛰고 할 동안, 당신은 역시 중요한 관계, 아픈 이별, 혹은 외로움과 같은 어려움에 처할 수도 있다. 직장에서 상사에게 부정적인 피드백을 받을 수도 있고 마감시간에 일을 못 끝내 문제를 겪을 수도 있다. 근육통이나 질병이나 부상 혹은 과로와 같은 육체적인 스트레스를 겪을 수도 있다. 당신이 일상에서 무슨 일을 겪든, 당신은 부모로서, 성인으로서 필연적으로 엄청난 스트레스를 유발하는 엄청난 책임을 다해야 한다는 것을 인식해야 한다. 그러므로 화를 잘 다스리기 위한 노력에는 스트레스를 잘 다룰 수 있는 효율적인 전략 또한 포함되어야 한다.

 **방아쇠생각**

지금까지 배웠듯이, 스트레스는 그 자체로 당신을 화나게 하지는 않는다. 화는 2단계로 이루어져 있다. 스트레스는 화에 이르는 중요한 선결조건이지만, 화의 반응을 이끌어내려면 필수적으로 두 번째 요소인 방아쇠생각이 있어야 한다.

린다의 예를 떠올려보자. 그녀는 뒷자리에서 싸우는 두 아이와 함께 교통 체증에 발목이 잡혀 있었다. 린다의 물리적인 불편함을 생각해보자. 차에서의 열기와 배고픔, 그날 하루 동안 쌓였던 피로에 절어 있었고 교통 체증 때문에 자동차는 제자리걸음이다. 그런 것들이 폭발 직전의 상태가 되게끔 했다.

아이들의 티격태격하는 소리가 커짐에 따라, 그녀의 스트레스 지수도 높아졌다. 타냐는 소리를 지르기 시작했고, 세 가지 방아쇠생각이 린다의 마음을 스쳤다.

- 이런 교통 체증에서 힘들게 운전하는데 아이들은 조용히 해야 된다는 것을 알아야 한다.
- 나를 미치게 하려고 작정하고 저러는구나.
- 아이들은 서로와 나에 대한 배려를 하지 않는구나.

린다가 차를 세우고 아이들에게 소리쳤을 때, 더 이상 참을 수 없는 수준의 스트레스를 방아쇠생각이 화로 폭발시켰다. 그녀는 이제 배출할 수 있는 대상을 찾은 것이다. 그것으로 그녀는 스트레스와 긴장에서 벗어나 짧은 위안을 얻을 수 있었다.

그녀가 한 방아쇠생각들의 가설에서는 죄와 벌의 개념이 있다. 아이는 나쁜 짓을 했고 따라서 어떤 형태로든 벌을 받는 것이 정당하다는 것이다. 방아쇠생각이 사실이 아니라는 것을 알 만큼의 지적 수준을 갖추었더라도, 스트레스로 인한 흥분 상태에서는 그것을 진짜라고 여기고 화 반응을 촉발시키기에 충분하다.

폴이 "아이는 일부러 나를 무시하고 있어."라고 스스로에게 말할 때 그 속에 내포된 의미는 아이가 고의적으로 폴이 지각하게 만들고 그의 요구를 묵살했다는 것이다.

아이는 나쁘고 벌을 받아 마땅하다. 린다가 "이런 교통 체증에서 힘들게 운전하는데 아이들은 조용히 해야 된다는 걸 알아야 해."라고 혼잣말할 때도 타냐와 데릭이 이미 차 안에서 행동해야 할 규칙을 고의적으로 무시하고 있다고 여겼다. 아이들은 그 규칙을 잘 알고 있는데도 어겼기 때문에 벌을 받아 마땅하다.

방아쇠생각 때문에 폴과 린다는 아주 높은 정도에 이른 스트레스를 화로 바꾸었고 아이들에게 그것을 배출했다. 그들의 반응은 이 단순한 공식의 결과였다.

스트레스 + 방아쇠생각 = 화

방아쇠생각은 변한다

당신은 자신이 주관하는 저녁식사 파티를 준비하려고 폐점 직전 슈퍼마켓에서 쇼핑하느라 분주하다. 슈퍼마켓은 사람들로 붐비고, 원하는 물건을 사기 위해 사람들 사이를 비집고 가느라 애를 먹고 있다. 계속 주의를 주었는데도 2살짜리 아이는 진열대에서 음식들을 끌어 내리고 있다. 시리얼 박스들이 계속 쏟아지고 식료품 캔이 큰 소리를 내면서 복도로 굴러 떨어지면 엄청나게 놀라기도 하거니와 시간도 많이 지연된다. 당신은 더 이상의 소동을 막기 위해 그런 짓을 못하도록 아이를 쇼핑카트에 태운다. 시간이 흘러 쇼핑카트를 보았을 때 아이는 스파게티 포장을 뜯어 수백 가닥의 국수를 카트와 바닥에 뿌려놓았다.

이때 당신의 반응은 이런 정도일 것이다. 이 엉망인 곳을 얌전하게 치우는 동안 아이를 때리든지, 고함치든지, 손찌검을 하든지, 아이에게 무엇을 주어 놀게 하든지. 이 행동 중 하나를 선택하는 일은 스파게티가 엎질러졌을 때의 방아쇠생각과 많은 관련이 있다. 이 때의 방아쇠생각은 다음과 같다.

- 이럴 줄 알았어. 아예 차로 돌아가 카시트에 묶어놓게 만드는구나.
- 이웃집에 아이를 맡겨놓고 올걸. 여기는 지겨운 걸 잠시도 못 참는 2살짜리 아이가 놀 자리는 없어. 게다가 나는 쇼핑하느라 정신이 하나도 없잖아.

앞의 것이 뒤의 것보다 더 자극적이다. 당신이 사용하는 방아쇠생각 때문에 당신이 아이에게 퍼붓는 화의 정도도 달라진다. 화를 줄이는 방법 중 하나는 여러 상황에서 당신의 사고방식을 다르게 바꾸어 보는 것이다. 화 다스리기에서 가장 중요한 1단계는 방아쇠생각에 따라 당신이 화를 내곤 한다는 것이다.

부모 화 조사

방아쇠생각이 부모가 내는 화와 연관되어 있다는 것을 확인하기 위해, 우리는 2단계의 연구를 수행했다. 1단계에서는 35명의 부모들을 대상으로 어떤 상황 때문에 화가 났으며 그런 약 오르는 상황에서 대처하곤 하는 방법이 무엇인지에 대해 심층 면접을 실시했다. 우리는 그 부모들에게 최근에 아이들에게 화를 냈을 때 어떤 생각을 했는지 말해 달라고도 했다. 그들이 말한 방아쇠생각은 2단계의 연구에 초석이 되었다.

 2단계에서, 우리는 전국적으로 배포되는 육아 잡지에 낸 광고에 응답한 250명의 부모들을 대상으로 조사했다. 참가자들은 24가지의 일반적인 방아쇠생각의 목록을 읽고 얼마나 자주 그런 생각을 하는지 답했다. 그리고 나서 2장에서 본 부모화평가표를 작성하게 하고 동시에 화의 횟수와 강도를 측정했다. 이 조사를 통해 우리는 화지수가 높은 부모들이 화지수가 낮은 부모들에 비해 방아쇠생각을 많이 했다는 것을 알아냈다.

 부모들이 했던 방아쇠생각의 종류와 부모화평가표의 화지수를 비교하면서, 우리는 아이에게 화를 자주 내는 부모일수록 방아쇠생각을 현저하게 더 많이 한다는 것을 알았다. 우리 조사에 포함된 24개의 방아쇠생각 중 18개는 화지수가 낮은 부모들보다 높은 부모들이 더욱 자주 사용했다.

전형적으로 화지수가 높은 부모들의 방아쇠생각 18개를 조사하면서, 우리는 그것들을 세 개의 주제로 묶을 수 있다는 것을 알았다.

- 속단 – 아이가 버르장머리 없이 구는 것이 고의적으로 당신을 화나게 하려는 것이라고 생각한다.
- 과장 – 당신의 마음속에서 사건을 있는 그대로보다 더 악화시킨다.
- 편견 – 부정적이고 경멸적인 단어를 사용하거나 아이의 행동을 묘사한다.

우리는 방아쇠생각이 아이에 대한 화의 횟수와 강도를 더욱 증가시키는 중요한 요소라는 것을 발견했다. 5장에서는 당신의 방아쇠생각을 변화시킬 수 있는 단계적 도움을 줄 것이다. 그것을 어떻게 정의하는지가 1단계다.

당신의 방아쇠생각 인지하기

아래는 높은 화지수와 연관되어 있는 18가지 방아쇠생각이다. 이 생각들 중 어떤 것이 당신에게 익숙한지 살펴보라. 아마도 당신의 아이와 함께 있을 때 생겼던 다양한 화나는 일들일 것이다.

속단
체크

■ 1. 나를 짜증나게 하려고 하는구나.

■ 2. 나에게 반항하는 거지.

■ 3. 나를 열 받게 하려고 작정했구나.

■ 4. 내 인내를 시험하고 있구나.(어디까지 하나 어디 한번 보자.)

■ 5. 나를 가지고 놀고 있구나.

■ 6. 나를 이용하는구나.

■ 7. 일부러 그러는 거지.(나를 괴롭히기 위해, 상처주기 위해, 심술부리려고)

과장

■ 8. 더 이상 참을 수 없어.

■ 9. 이런 짓을 도저히 참을 수 없어.

■ 10. 이번에는 너무 지나치잖아.

■ 11. 이야기를 듣지 않는군.

■ 12. 감히 나에게(그런 식으로 쳐다보다니, 그런 식으로 말하다니, 그런 식으로 행동하다니 등등)

■ 13. 너는 모든 것을(힘싸움으로, 싸움으로, 형편없는 시간으로, 악몽으로 만드는구나 등등)

편견

■ 14. 통제불능인 아이구나.

■ 15. 이건 속임수야.

- 16. 너는 너무(게을러, 못됐어, 고집불통이야, 점잖지 못해, 배은망덕해, 제 마음대로야, 자기밖에 몰라, 잔인해, 멍청해, 개구쟁이야, 몹쓸 아이야, 청개구리야 등등)
- 17. 고의적으로 심술궂고 바보처럼 구는구나.
- 18. 관심이 없구나.(무슨 일이 일어나는지, 내가 어떻게 느끼는지, 네가 누구에게 상처 주는지 등등)

이제 당신의 화 일기의 목록으로 돌아가서 살펴보라. 그리고 최근에 기록했던 화에 얽힌 사건 중에 당신이 사용했던 방아쇠생각이 있는지 돌이켜보라.

한 가지 이상 당신이 했던 방아쇠생각이 있다면 특별한 관심을 기울여라. 당신은 그 상황과 관련되어 많은 다른 방아쇠생각을 사용했거나, 몇 개를 반복적으로 사용했을 수도 있다.

당신의 화 일기를 되돌아봄으로써 얻는 교훈을 마음속 깊이 새기면서, 다시 한 번 방아쇠생각의 목록을 읽어보라. 이번에는 적어도 한 번 이상 사용했던 방아쇠생각에 표시를 한다. 만약 어떤 것이든 한 번 이상 사용했던 방아쇠생각으로 판명되면, 별표를 해두라. 이 목록에는 방아쇠생각 몇 개만이 있으며 당신이 자주 사용하는 방아쇠생각이 표시되지 않았을 수도 있음을 명심하라.

방아쇠생각은 화지수가 높은 부모들과 관련이 크기 때문에 스트레스를 받는 상태에서 당신의 사고 패턴을 확인하고 변화시키기 위해 이 목록에 특별한 관심을 기울여야 할 것이다.

🍓 화 일기 업그레이드하기

방아쇠생각이 결정적으로 화에 불을 붙인다는 것을 배웠다면, 이제 당신은 매일 매일 스스로가 방아쇠생각을 어떻게 사용하는지 확인할 필요가 있다. 이제까지 당신은 아이에게 내는 일상적인 화에 얽힌 사건을 중심으로 화 일기를 써왔다. 여러 상황에서 당신의 화지수를 측정하고 그 결과를 적으면, 화가 당신의 삶에 미치는 영향에 대해 좀더 선명한 청사진을 얻을 수 있다. 당신의 화 일기에 기록했던 사건에 당신의 생각을 추가해보자. 이 시점부터 화 일기의 목록에는 방아쇠생각을 적기 위한 칸이 더 늘어난다. 업그레이드된 일기의 목록은 다음과 같을 것이다.

날 짜	상 황	방아쇠생각	화의 느낌	화의 표현	결 과
					a. 순응 b. 만족

보 기

케이스는 저녁 준비를 깜빡 잊고 베이비시터를 구하기 위한 면접을 보느라 늦게 귀가했는데, 그 바람에 딸아이는 그날 저녁 내내 칩을 씹어 먹었다. 면접을 본 후 지치고 짜증스러워져서 돌아온 그는 냉장고를 뒤져 빨리 만들 수 있는 음식을 만들었다. 20분 후에 치즈마카로니와 핫도그를 저녁 식사로 차리고 나서 그는 딸을 불렀다. 그러나 아이는 앉자마자 불평하기 시작했다. 정말로 배가 고프지는 않았던 것이다. 핫도그는 어제 먹었고, 마카로니는 제대로 익지 않았다. 핫도그는 아이가 좋아하지 않는 것이었다.

    케이스는 딸아이가 정크푸드로 배를 채운 것에 불쾌했고 화가 머리 끝까지 올랐다. 그는 일단 화를 참고 딸아이에게 음식을 먹으라고 말했다. 그러나 아이가 반항하며 접시를 밀어내고 우유 잔을 두드리자 그는 이성을 잃었다. 그는 딸아이를 테이블에서 번쩍 들어올려, 딸의 침실로 가서 침대에 던져버리고 쾅 소리 나게 문을 닫아버렸다. 그날 늦은 저녁, 케이스는 다음과 같이 목록을 채웠다.

날 짜	상 황	방아쇠생각	화의 느낌	화의 표현	결 과
6/12	레이첼은 밤새 스낵을 먹었고 내가 만든 음식을 거부했다. 아이가 불평이 심했고 탁자를 우유로 적셨다.	너는 오로지 너 혼자만 생각하는구나. 너는 나를 골탕먹이려고 일부러 그러는구나.	8	8	a. 5 – 내가 음식을 먹이려 했지만 아이는 너무 화가 나 있었다. b. 3 – 화를 폭발시켜 기분이 나빴지만 침착할 수 있었다는 데 다소 위안을 얻었다.

When Anger Hurts Your Kids

4장 아이들의 행동에는 이유가 있다

아이가 버릇없이 굴 때나 아이의 행동 때문에 부모가 정신없을 때 대부분의 부모들은 화를 유발시켰다고 아이들을 탓한다. 부모는 아이의 행동이 자기를 겨냥하고 있다고 속단한다. 그렇다면 아이들이 정말로 자신의 부모들을 짜증나게 하기 위해서 그런 행동을 하는 것일까?

When Anger Hurts Your Kids

부모를 결정적으로 화나게 하는 방아쇠생각은 위험한 왜곡이다. 그 이유를 이해하려면 아이들이 왜 그렇게 행동하는지를 알아야 한다.

우리 연구에 따르면, 부모들이 하는 방아쇠생각에는 아이들이 고의적으로 부모의 화를 촉발시키려고 한다는 가정이 포함되어 있다. 예를 들면 "너는 일부러 심술궂게 행동하는구나.", "나를 가지고 노는구나.", "내 인내를 시험하고 있구나."와 같이 속단으로 빚어지는 방아쇠생각이다.

특히 아이가 버릇없이 굴 때나 아이의 행동 때문에 부모가 정신없을 때 대부분의 부모들은 화를 유발시켰다고 아이들을 탓한다. 부모는 아이의 행동이 자기를 겨냥하고 있다고 속단한다.

그렇다면 아이들이 정말로 자신의 부모들을 짜증나게 하기 위해서 그런 행동을 하는 것일까? 연구가들과 아동행동발달 전문가들은 그런 경우는 매우 드물다는 것을 밝혀냈다. 부모를 괴롭히는 것은 아이들의 동기가 되기 어렵다. 대신 아이의 행동에 영향을 주는 4가지 중요한 요소가 있다.

- 아이의 기질
- 각 단계에서 아이가 직면할 연령별 행동과 발전적 도전
- 스스로의 욕구를 만족시키기 위한 아이들의 욕구와 대처 전략
- 바람직하지 않은 행동을 지속적으로 습관화하는 역할

 기질

두 아이가 같을 수는 없다. 사람들은 그 고유의 육체적 특징을 가지고 태어난다.(머리색, 눈의 색, 입의 형태, 코의 크기, 키, 몸무게, 체형 등) 그와 마찬가지로 아이들은 기질에서도 주요한 차이를 갖고 태어난다. 엄마들은 아이들이 태어난 첫날부터 행동이 다르더라고 말하곤 하는데 그 말은 옳다. 기질은 아이들이 태어날 때부터 갖고 있는, 이미 설치된 전기 배선과 같다. 기질이란 삶의 체험에 반응하려는 어떤 경향을 말한다. 당신의 아이들은 실망했을 때 어떻게 반응하는가? 아이들은 곧바로 회복되는가? 아니면 한동안 샐쭉해지거나 칭얼거리나, 아니면 적

어도 한 시간 동안은 화를 내는가? 기질은 이런 패턴을 정의한다.

기질을 결정하는 특성

기질은 한두 번의 행동 또는 우연한 행동을 반영하는 것은 아니다. 어떤 패턴을 가지고 반복되는 행동, 즉 지속적으로 반복되는 행동을 반영한다. 기질은 선천적이다. 그것은 환경이나 반응의 산물이 아니며 당신에게서 어떤 반응을 유도하려는 아이의 시도도 아니다.

한 아이의 기질은 9가지 다른 특질의 형으로 생각할 수 있다. 각각의 아이들은 9가지 특성을 각기 다른 비율로 가질 수 있으며, 그런 독특한 조합에 따라 아이는 명랑하거나 침울하고, 에너지가 넘치거나 조용하고, 고집이 세거나 순종적이고, 사람들과 잘 어울리거나 즐길 줄 모르거나 할 수 있다.

기질을 결정하는 9가지 특성은(투레키와 토너, 1985) 다음의 목록과 같다. 목록을 읽으면서, 당신의 아이에게서 이런 특성들 중 어떤 것들이 발견되는지 생각해보자.

1. 행동 수준

아이가 아주 어렸을 때 얼마나 활동적인가? 지속적으로 활동하는 정도는 어느 수준인가? 이런 까다로운 특성을 지닌 아이들은 아주 활동적이며 지치지 않고 쉴 새 없이 움직인다. 이런 특성이 까다로운 아이들은 침착한 법이 없으며 갇히는 것을 싫어한다.

2. 기분의 특질

아이의 기본적인 경향성을 어떻게 묘사할 수 있을까? 긍정적, 명랑함, 부정적, 까다로운, 진지한? 이런 특성이 까다로운 아이는 괴팍하거나 무겁다. — 삶에서 쾌락을 많이 추구하는 것으로 보이지는 않는다.

3. 접근/물러남

아이가 새로운 경험(사람, 음식, 장소, 의복, 활동)에 어떻게 반응하는가? 열정으로 접근하는가? 두려움을 가지고 물러나는가? 이런 특성이 까다로운 아이는 부끄러움을 많이 타거나 부모에게서 떨어지려 하지 않는다. — 새로운 환경으로 나아가지 않겠다고 고집을 피운다.

4. 규칙성

아이는 먹고 자고 변을 보는 데 얼마나 규칙적인가? 이런 특성이 까다로운 아이들은 시도 때도 없이 배고프고 예정되지 않은 시간에 피곤해지며, 정해진 식사시간과 취침시간을 갈등의 근원으로 만든다.

5. 적응성

아이가 다른 시기로 이행하거나 변화할 때 얼마나 잘 적응하는가? 이런 특성이 까다로운 아이들은 활동, 일상, 음식이나 옷에 아주 반항적이다. 아주 융통성이 없고 까다롭다.

6. 감각 반응

소음, 빛, 냄새, 맛, 고통, 날씨, 젖은 기저귀와 같은 감각적인 반응이나 환경의 변화에 어떻게 반응하는가? 아이가 너무 쉽게 불안해하거나 과잉반응 하는가? 이런 특성이 까다로운 아이들은 물리적 자극(음식냄새, 옷의 느낌, 빛의 밝기, 소음의 크기)에 민감하고 쉽게 괴로워한다.

7. 반응의 강도

긍정적이고 부정적인 자극에 반응할 때 아이의 반응의 강도(크기)는 어떤가? 이런 특성이 까다로운 아이들은 시끄럽고 우격다짐을 잘 하는 아이가 될 수 있다. 행복하든 슬프든 화나든 말이다.

8. 집중력 부족

아이가 얼마나 쉽게 집중하는가? 특히 화났을 때는 집중하지 못하는가? 집중력이 있는가? 이런 특성이 까다로운 아이는 집중하기가 힘들며 무언가를 듣기보다 몽상을 할 것이고 주의나 지침을 쉽게 잊는다.

9. 고집

아이가 한 가지에 얼마나 오래 집중하는가? 어떤 놀이에 빠지면 오랫동안 놀 수 있는가? 기분이 나쁠 때, 아이는 자신의 욕구를 만족시키려고 고집을 피우는가? 이런 특성이 까다로운 아이들은 극도로 고집이 세고, 절대 포기하지 않으며, 언짢은 기분을 한 시간 이상 지속한다.

이런 생물학적인 차이가 아이의 경험과 삶에 미칠 영향을 살펴보는 것은 어렵지 않다. 그리고 다음 순서로 아이의 기질에 대해 부모가 어떻게 반응하는가를 상상해보는 것도 어렵지 않다. 위에 열거한 것들 중 아이가 한 개 또는 여러 개의 까다로운 특성을 지니거나, 아이의 개인적 특질 때문에 부모가 다루기 까다롭다는 것이 더욱 타당해 보인다. 예를 들어 극도로 화를 잘 내는 아이(기분의 특질이 부정적임), 쉽게 우는 아이(감각 반응이 낮을 때), 그리고 잘 달래지지 않는 아이(집중력 부족)는, 쾌활한 성질의 아이나 자극에 덜 민감한 아이나 화나는 일이 있어도 쉽게 주의를 돌리는 아이들에 비해 부모들이 훨씬 더 힘들어할 것이다. 마찬가지로, 활동성이 아주 높은 아이는 집 안을 별로 돌아다니지 않는 아이에 비해 집안을 온통 청소하거나 더 많은 관리를 필요하게 하거나 한계를 정하게 만든다.

부모의 기질과 아이의 기질이 어떻게 잘 맞는가도 관계를 만들어 나가는 데 중요한 역할을 한다. 모든 상황에서 강렬하게 반응하는 아이는 감각의 수용도가 낮거나 부정적인 기분의 부모들에게는 훨씬 어려울 것이다. 활동성이 낮은, 아주 수줍어하거나 소심한 아이는 아주 활동적이고 새로운 상황을 즐기는 부모에게는 실망스러울 것이다.

이런 기질적인 특징이 유전적인지 아니면 태아가 발달할 때의 환경적 영향인지는 아직도 풀리지 않은 숙제로 남아 있다. 양쪽 모두의 경우, 이런 특질들이 좋거나 나쁘지 않다는 것을 깨닫는 것이 중요하다. 그것들은 단순히 눈이나 머리 색깔처럼 다를 뿐이다. 아이들은 부모의 인생을 더 꼬이게 하기 위해 기질적인 차이를 조작해 내지는 않는다. 그들은 그렇게 태어났기에 그런 식으로 표현할 수밖에 없다.

연령별 아동 행동에 맞는 행동과 발전적 도전

아이는 자라고 성장함에 따라 많은 단계를 겪으며 행동의 전형적인 특징을 띠게 된다. 아이들이 왜 그런 식으로 행동하는지를 이해하기 위해, 당신은 이런 단계들과 행동에 익숙해질 필요가 있다. 예를 들어, 대부분의 부모들은 '무서운 두 살'이라는 말을 들어보았을 것이다.(미국의 두 살은 우리나라 나이로 네 살이다. 여기서 '무서운 두 살'이란 우리나라 엄마들이 '무서운 세 살', '무서운 다섯 살'이라고 말하는 것과 같은 의미다. – 역자 주–) 그런 부모들은 "싫어"라는 단어를 주기적으로 듣거나 (다행히도) 때때로 아이들의 짜증을 겪는다 해도 놀라지는 않을 것이다. 그러나 많은 부모들은 10개월이나 11개월 된 아이들도 똑같은 행동을 할 수 있다는 것을 모른다. 그렇다면 3살, 5살 혹은 7살은 어떨까? 그 연령에 맞는 전형적인 행동이란 무엇인가?

모든 아이들은 개별적이기 때문에, 독특한 개성을 지닌 채 다른 행동발달을 보인다. '전형적인'이라는 말로는 아이들을 설명할 수 없다. 기질은 연령별 행동 전형을 만들어내는 데에도 매우 큰 역할을 한다. 그럼에도, 어떤 일반적인 행동 발달의 대략적인 지침을 설명할 수는 있다. (이 장에서 설명하는 이론은 이 책의 뒷부분 참고문헌에 있는 루이스 아메스, 프란시스 일그, 캐롤 체이스 하버의 연령별 행동에 대한 책들에서 인용했다.)

1살

잭은 전형적인 한 살이다. 이 아이의 가장 두드러진 특징은 거의 완벽한 자기중심성이다. 아이는 모든 걸 다 받지만 주는 법이 없다. 아이는 자기 식대로 하고 싶어 하며, 소유물에 대해서 탐욕적이고 자기만을 위해 모든 것을 해야 한다. 잭은 남들과 그냥 나누는 법이 없다. 다른 아이들과 함께 놀 때도 독불장군이다. 아이는 고집이 세고 거친 행동을 보이며, 그의 사전에 좌절이란 없다.

똑바로 일어서서 걷기 때문에, 세상은 그가 탐험해야 할 그의 소유물이다. 아이는 달리면서 그의 손에 잡히는 모든 것을 쑤셔보고 찔러보고 밀어보고 냄새 맡는다.

자율권을 위한 투쟁은 이 연령대의 가장 주요한 발전적인 도전이다. 잭은 그의 부모들의 한계를 시험하고 그의 소유를 탐험하는 데 완전히 집중하고 있다. 아이는 반항적이고, 경이적일 만큼 충동적이며 좋고 나쁨의 차이를 모른다. 아이는 "좋아" 대신 "싫어"라고 말하고, "아래" 대신에 "위"라고 말한다. 동시에 아이는 엄마에게 결사적으로 매달리며 집착한다. 부모와의 사이가 아무리 좋더라도 이때는 참으로 힘든 시기다. (아메스, 일그, 하버, 1982)

2살

2살 난 마리사는 사실 1살이었을 때보다는 쉽다. 이제 아이는 걷고 달리고 기어오르며 자기가 원하는 것을 더 명확하게 표현할 수 있다. 2살 때의 가장 두드러진 특징은 끝도 없는 단조로운 요구와, 결정을 내리는 데 아주 힘이 든다는 것이다. 아마 전 연령 대를 통틀어 뭔가 하나를 선택하는 데 가장 어려워하는 나이일 것이다. 마리사는 한 가지 선택을 하자마자 다른 것을 원한다. 아이는 조작할 수 있는 완벽한 능력이 없다. 목소리의 크기 조절이나, 감정 조절이나, 육체적인 조절 등도 마찬가지다. 아이는 만지고, 냄새 맡고, 맛봄으로써 모든 것을 탐험하고자 한다. 아이는 엄마의 입에서 나오는 모든 소리에 '왜'라고 질문한다. 그러나 그것은 더 많은 정보에 대한 요구일 뿐이며 엄마에게 저항하거나 엄마를 화나게 하려는 시도는 결코 아니다. 아이는 다른 아이와 놀기를 좋아하는데, 감정이입과 같은 것을 모르기 때문에 진짜 다른 아이와 노는 것을 즐긴다기보다는 단순히 다른 아이들과 함께 노는 것에 불과하다. 그렇지만 여전히 자신의 장난감을 남들과 나누지는 않는다.

2살 반이 되면 마리사는 강렬하고, 까탈스럽고, 격한 감정을 겪게 된다. 잦은 짜증이 특징이다. 아이는 자기에게 없는 것은 무엇이든 원한다. 그리고 자신만의 방식으로 뭔가를 해 보려고 시도하며 부모를 끝도 없이 곤경에 처하게 한다. 아이는 자기가 원하는 것을 얻기 위해 울고, 때리고, 차고, 가격한다. 진짜 공격적인 것은 아니고 아이는 자신의 강력한 욕구를 연기하고 있는 것이다. 그녀는 두목이나 된 것처럼 까탈스럽다. 역시 일부러 떼를 쓰는 것은 아니지만 자기 자신에게 확신은 없다. 세상은 너무나 크고 위험해 보인다. 아이가 세상(그녀의 부모)의 아주 작은 부분이라도 조작하거나 명령할 수 있다면, 세상은 아이에게 안심할 수 있도록 위안을 줄 것이다.(아메스, 일그, 1976)

3살

대니얼은 전형적인 3살이다. 아이의 가장 두드러진 특징은 통상 '우리', '놀러 가자' 라는 후렴구와 같은 욕구로 표현될 수 있다. 아이는 엄마를 도와 집안일을 하고, 엄마를 따라 쇼핑을 가고, 엄마와 함께 놀고 싶어 한다. 기본적으로는 엄마를 기쁘게 해주고 싶다. 아이는 이제 몸을 더 잘 제어할 수 있고, 언어 감각을 개발하기 시작했기 때문이다. 아이는 덜 이기적이고 엄마에게도 덜 의존적이다. 대니얼은 다른 아이들과 놀이를 즐기고 실제로 때때로는 나누기까지 한다. 비록 그의 화와 좌절감은 여전히 육체적인 것이 되곤 하지만, 아이는 환상적인 일을 많이 겪으며 때때로 환상과 현실을 구분하지 못한다. 아이는 상상 속의 (자신이 제어할 수 있는) 친구가 있으며, 때때로 자신이 아닌 다른 사람인 척하기도 한다.

3살 반이 되면, 대니얼에게 삶은 좀더 복잡한 것이 된다. 자율권에 대한 투쟁을 다시 공표한다. 아이는 자신의 의지를 더 굳건히 한다. 아이는 확고하며 자기주장이 매우 강하다. 부모와의 강한 갈등은 필연적이다. 아이는 감정적으로 역시 불안하다. 왜냐하면 타인에게 분리되어 있다는 지각도 함께 자라고 있기 때문이다. 아이는 더듬거리며 말하고, 뒤뚱거리고, 손가락을 빨고, 익숙하지 않아 두려운 것에 대한 감정을 표현한다. 다시 한 번 아이는 자기의 부모들을 지배함으로써 그 불안함을 극복하려고 노력한다. "보지 마", "웃지 마", "말하지 마"라고 아이는 명령한다.(아메스, 일그, 1985)

4살

4살 소피의 가장 현저한 특성은 도를 넘어서는 것을 즐기는 일이다. 아이는 차고 때리고 침 뱉는다. 재미있는 일이 없고 흥분되면 집에서 나가버린다. 아이는 들떠서 웃고, 크게 소리 내어 울며, 극단적으로 침울해진다. 아이는 많은 것을 좋아하며 많은 것을 싫어하고 대개는 극히 변덕스러운 감정을 갖고 있다. 소피는 과장하고 뽐내고 자랑함으로써 말 그대로 '어디로 튈지 모른다'. 아이는 상스러운 말을 즐기며 특히 부모들이 쓰는 표현을 그대로 쓰는 것을 즐긴다.

소피는 여전히 환상을 좋아하며 허풍을 늘어놓곤 한다. 그러나 아이가 거짓말을 하는 것은 아니다. 단지 사실과 환상을 구분하는 능력과 싸우고 있을 뿐이다. 그러나 거짓말보다 나쁜 짓을 했다고 생각되면, 아이는 벌을 피하기 위해 때로는 거짓말하기도 한다. 자기가 집기만 하면 소유권을 가진다고 믿지만, 아이가 도둑은 아니다. 소피는 부모에게 무례할 때도 있다. 아이는 부모의 권위에 도전하며 자신의 독립성의 한계를 시험한다. 아이는 도덕성을 이해하지 못하며 단지 처벌이 두려워 규칙에 복종하고 있을 뿐이다.

아이는 또래보다 나이 어린 동생들에게 공격적일 수도 있다. 그래서 소피의 엄마는 소피와 아기를 함께 두려 하지 않는다. 역설적으로 소피는 여전히 경계선과 한계를 좋아한다. 왜냐하면 아이의 확장성은 자기 자신에게도 너무 지나친 것처럼 보일 때가 있기 때문이다. (아메스, 일그, 1976)

5살

전형적인 5살인 막스는 어떻게 하면 착해질 수 있을지가 도전 과제다. 아이는 그것에 열심이며 대부분의 경우 성공한다. 엄마는 아이 세계의 중심이다. 아이는 엄마를 기쁘게 하고, 엄마를 돕고 엄마 가까이에 있고 싶어 한다. 아이는 새롭고 낯설고 흥분되는 곳보다 조용하고 좀 더 익숙한 곳에 흥미를 보인다. 그는 더욱 안정적이고 더욱 진지하고 더욱 근심이 없어 보인다.

5살 반이면, 다시 자율권이 문제가 된다. 막스는 정력적이고 투쟁적이며 반항적이다. 아이는 공개적으로 부모에게 반항적이지는 않지만 언제나 결과가 같은 짓을 되풀이할 것이다. 짜증과 샐쭉함을 가지고 있다. 때때로 아이는 두통, 감기와 배탈로 아프다고 칭얼댈 것이다. 가장 중요한 것으로, 아이는 여전히 재확인하고 싶어 하면서 묻는다. "나를 사랑해?"라고 말이다. (아메스, 일그, 1979)

6살

6살 올리비아의 가장 두드러진 특징은 반대 감정이 공존한다는 것이다. 무엇을 하든, 기다렸다는 듯이 반대의 일을 한다. 무엇을 원하든 반대의 것을 원한다. 작은일에는 언제나 마음을 바꾼다. 큰일에 대해서는 마음을 정하기 힘들어한다. 하지만 일단 마음을 정하고 나면 바꾸기 힘들어 보인다. 올리비아는 다른 연령에 비해 엄마와 더욱 밀접하게 연결되어 있다. 그러나 이 관계에도 역시 엄청난 모순이 있다. 아이는 엄마와 진정한 이별을 시작하고 있으며 동시에 독립을 원하고 있다. 하지만 아이는 한편으로는 엄마와 가까워지기를 원한다. 뭔가 잘못된 일만 있으면 엄마에게 달려간다.

아이의 신흥독립국에는 언제나 불안함이 발생한다. 불안에 대처하기 위해 올리비아는 필사적으로 자신을 잘 다스리며, 최선을 다하고, 최고가 되고, 모든 것의 대부분을 가지려고 하고, 사랑받고 칭찬받고 싶어서 필사적으로 노력한다. 경쟁적인 환경에서 지는 것을 견딜 수 없으며, 주목받으려는 지속적인 욕구를 가지고 있으며, 비난에 아주 민감하다. 아이의 감정은 아주 다치기 쉽고, 육체적이나 감정적으로도 다치기 쉬워서 곧잘 운다. 아이는 늘 정직하지는 않으며 언제나 진실을 말하지도 않는다. 아이는 정말로 새롭다. 올리비아 역시 반항적이며, 폭력적이고, 시끄럽다. 아이의 불안함은 다음과 같이 질문함으로써 조절된다. "내가 나쁜 아이라도 나를 사랑할 거야?"

올리비아의 노는 시간은 폭풍처럼 격렬하다. 아이는 첫째가 되어야 하고 불굴의 승리를 거머쥐어야 하기 때문이다. 또래보다 어린 아이들 사이에서 올리비아는 의기양양하다. 자기 주장이 강하고, 괴롭히고, 골목대장질을 하고, 겁주고, 못살게 굴고, 화내고, 때린다. (아메스, 일그, 1979)

7살

전형적인 7살인 제이슨의 가장 두드러진 특징은 집요하게 반복한다는 것이다. 스스로의 성에 찰 때까지 혹은 누가 말릴 때까지 어떤 일이나 상황은 끝도 없이 계속된다. 자신에 대한 기대는 높고, 때론 너무 높다. 아이는 완벽하고 싶어 하며 작은 실수에도 부끄러워한다. 일반적으로 7살은 주춤거리고, 멈칫거리며, 침착해진 상태에서 자신 안에 있는 것을 탐구하는 시기다.

제이슨은 생각의 세상에서 살며 바깥세상을 관찰하고, 자신이 관찰한 것을 또 생각한다. 특히 어떤 일이 힘들어질 때 주춤거리는 성향을 보인다. 아이는 모든 것을 걱정하는데 다른 연령에 비해 특히 그런 성향이 강하다. 아이는 학교에 늦을까봐 걱정하고(그런 일이 절대 없었을지라도), 전쟁이 일어날까봐 걱정하고, 누군가가 죽을까봐 걱정하고, 어둠을 두려워한다.

제이슨은 사람들을 별로 좋아하지 않는다. 사람들이 악하거나 비호감이라고 생각한다. 아이는 부모가 그의 형제나 자매들을 자기보다 더 사랑한다고 느낀다. "아무도 나를 좋아하지 않아. 나는 죽는 게 나을지도 몰라."는 말을 때때로 할 것이다. 아이의 특징 중 하나는 얼굴을 찡그리고 다닌다는 점이다. 쉽게 눈물을 흘리지만, 다른 사람들 앞에서 우는 것은 어쩔 줄 몰라 한다. 쉽게 실망하고 삐친다. 토라지고 대체로 침울한 것은 그 연령대의 일반적인 표현이라고 할 수 있다. (아메스, 일그, 1976)

8살

데본은 전형적인 8살 아이다. 데본의 가장 두드러진 특징은 어떤 일을 해내는 속도다. 이 아이는 집이나 마당을 빠른 속도로 뛰어다니고, 빨리 먹고 빨리 읽고 빨리 말하고 빨리 논다. 사교성이 좋고, 관심을 받고 싶어 하며, 오지랖이 넓다고 할 만큼 사람들과의 관계를 매우 흥미로워 한다. 데본의 친구와 가족들과의 관계는 그녀에게 매우 중요하다. 하지만 그녀에게 가장 깊은 관계는 엄마와의 관계다. 그녀는 엄마의 관심을 충분히 받지 못한 것으로 보이며 엄청나게 소유욕이 강하고, 엄마에게서 조금도 떨어지려고 하지 않는다. 소유욕과 질투 때문에 동생들과의 관계는 어렵다. 데본은 사람들, 특히 자신을 평가하는 경향이 있다. 그녀는 자신의 실패를 너무 잘 알고 있으며 그것 때문에 자신에게 매우 엄격하다. 그녀는 다른 사람에게도 매우 엄격해서 걸핏하면 싸우고 공격적인데, 특히 엄마에게 가장 그렇다. 동시에 그녀의 감정은 쉽게 상처받고 다른 사람들에게 평가받는 것에 민감하다. (아메스, 하버, 1989)

9살

라이언은 전형적인 9살이다. 가장 큰 특징은 엄마에 대한 몰두라고 할 수 있다. 그녀에게서 충분한 것을 받는 대신, 그는 엄마의 존재를 중오한다. 실제로 그는 자신이 하는 행위에 너무 몰두한 나머지 엄마가 그를 부르는 소리를 전혀 듣지 못하는 것처럼 보인다. 그는 엄마를 다소 무시한다. 엄마가 청결과 깨끗함을 요구하는 데 대해 부정적으로 반응한다. 그는 아버지와 더욱 거리를 두고 아버지가 군림하는 것을 싫어한다. 그는 부모가 뭔가를 시키는 동안 두 눈을 부릅뜨고 빤히 쳐다보면서, 부모가 시킨 것을 하는 동안 불평하거나 적극적으로 거부함으로써 부모의 권위에 도전한다. 싸움과 짜증은 일상적이며, 욕설을 하거나 심지어 몸싸움을 하는 것도 다반사다.

라이언은 자발적이며 한 번 시작했다 하면 그의 방식과 페이스대로, 그의 방향대로 진행하고자 한다. 그는 자신을 매우 진지하게 여기고 모든 것을 정확히 하려고 한다. 칭찬을 받으려는 목적 뿐 아니라 내적 만족을 위해서 그렇게 한다. 그의 의지력은 강력하다. 라이언은 기분의 변화 폭이 크고, 감정 반응은 예측이 불가능하다. 그가 걱정하고 불만을 토로하는 것은 무엇이 옳고 무엇이 그른가에 대해서다. 9살은 다른 연령보다 개성의 차이를 많이 보이는 시기다.

예를 들어 어떤 아이들은 돈을 사랑하지만, 다른 아이들은 그렇지 않다. 어떤 아이들은 입이 짧지만, 다른 아이들은 무엇이든 먹는다. 어떤 아이들은 폭력적인 영화의 섬뜩한 장면을 좋아하지만, 어떤 아이들

은 싫어한다. 어떤 아이들은 손재주가 좋지만, 다른 아이들은 그렇지 않다.(아메스, 하버, 1990)

욕구와 대응 전략

아이의 가장 강력한 동기는 가족의 일원이 되고자 하는 욕구라는 것이 정설이다(드레이커스 1964, 딘크마이어와 맥케이 1983). 아이가 소속감을 느끼려면, 아이가 가족에 기여하는 바가 두드러지고 확실해야 할 것이다. 바꾸어 말하면, 아이는 자신이 존재한다는 이유만으로 자신이 의미 있는 존재임을 느껴야 한다. 아이에게 소속감은 모든 안정감의 근원이다. 버릇없는 행동을 포함한 모든 아이들의 행동은 가족 가운데서 자신의 자리를 찾고 중요한 역할을 한다는 느낌을 받기 위한 것이다. 아주 어릴 때부터 아이들은 어떻게 하면 가족의 일원이 되는지 알아내기 위해 가족들을 관찰한다. 아이는 매우 노력하여 의미 있는 존재가 되려고 한다. 물론 그들의 관찰이나 기술뿐 아니라 환경, 가족에서의 위치 등 여러 요소도 아이가 얼마나 자신을 의미 있게 생각하는지 영향을 미친다.

아이들은 뛰어난 관찰자다. 그러나 불행히도 모든 사건들을 항상 정확하게 해석할 수는 없다. 때문에 가족에서의 중요한 위치를 얻는 데 잘못된 믿음을 가질 수도 있다.

예를 들어 브라이언은 그의 여동생 베키가 태어났을 때 갓 4살을 넘긴 때였다. 그는 베키가 울거나 기저귀를 적셨을 때 많은 관심을 받는 것을 목격했다. 베키에게 쏠렸던 관심은 원래 그의 것이었다. 그는 자신이 가족 관계에서 중요한 위치를 잃었기 때문에 다시금 그것을 찾아야 할 필요를 느꼈다. 브라이언은 아기 베키처럼 행동하는 것이 그의 소속감을 다시금 되찾는 유일한 방법이라고 결론짓고 나서 아기처럼 울고, 떼쓰고, 잠자리에 오줌을 쌌다. 그리하여 그는 목표를 달성하기 위해 '버릇없이 굴기'나 '퇴행'을 시작한 것이다.

아이가 중요한 위치를 얻기 위해 선택하는 수단은 가족 환경의 가치와 태도에 따라 달라진다. 브라이언의 가족은 교육을 중시했고 그 가치는 그에게 여러 가지 방식으로 전달되었다. 시간이 흐를수록, 브라이언은 중요한 위치를 얻으려면 놀이나 공부에서 남들보다 뛰어나며 최고가 되는 길 밖에 없다고 믿는 실수를 저질렀다. 그가 고민하고 씨름하여 우수함을 유지하는 것만이 유일하게 가족에 소속되는 길이라고 생각했다.

가족에서의 위치도 중요한 역할을 한다. 브라이언의 여동생 베키는 브라이언이 '착한 학생' 역할을 하는 것을 보았다. 베키는 브라이언이 그렇게까지 하는 것은 너무 공부벌레처럼 보였다. 그녀는 자신을 그렇게까지 괴롭히지는 말아야겠다고 결심했다. 착한 학생의 역할은 이미 브라이언이 하도록 정해졌으므로 유일한 남은 역할은 '나쁜 학생'이었다. 그녀는 상당히 머리가 좋았음에도 모든 과목에서 낙제를 했다. 베키는 다른 기질을 가졌기 때문에(그녀는 쉽게 산만해지고 끈기가 없다), 오빠의 위치를 빼앗아오기 위해 나름대로 오빠를 능가하는 방법을 선택했다.

아이들이 가족 안에서의 능력 발휘와 참여를 통해 의미와 소속감을 느낀다면, 그들은 융성하게 성장할 것이다. 3살짜리 제이미는 능력과 소속감을 느낀다. 아빠가 채소밭에 가면 제이미는 작은 삽으로 아빠가 땅 파는 것을 돕는다. 그는 저녁 시간에 엄마를 위해 채소를 고르고 저녁이 되었을 때 식탁 차리기를 돕는다. 식사를 마치면, 양해를 구하고 자신의 접시를 부엌에 가지고 간다. 그의 부모들은 아이가 돕고 있음에 감사했으며 부모들이 감사의 표현을 적극적으로 하고 있음을 주지시키려고 애썼다. 그리고 제이미가 한계선이 분명한 부모의 권위에 도전한다고 하더라도, 그런 도전들은 행동 발달 단계상의 자율권의 표현으로 보인다. 이런 환경에서 제이미는 잘 자라날 것이다.

불행히도 아이들은 소속감을 성취하려는 타고난 노력을 하다가도 쉽게 낙담하곤 한다. 그들은 가족에 소속해야 한다는 절박한 필요성을 느끼지만 자신을 중요한 존재로 부각시킬 수 있는 방법을 찾지 못한다. 3살짜리 사라도 곧잘 낙담하곤 한다. 아이는 엄마가 집안 청소를 할 때 도와주고 싶어 하지만, 아이가 도와주겠다고 할 때마다 엄마는 "아냐, 됐어."라고 말한다. 너무 작아서 빗자루를 들 수 없다는 것이다. 먼지떨이를 휘둘러 도자기를 깬다는 것이다. 부엌을 엉망으로 만들어 놓는다는 것이다. 게다가 사라가 부모의 한계에 도전하면, 부모는 아이에게 벌을 주고 스스로를 나쁜 사람처럼 여기도록 만든다. 사라는 아무리 열심히 공헌해도 부모가 알아주지 않는다고 생각한다. 그녀는 가족 안에서의 소속감이나 의미를 전혀 느끼지 못한다.

아이를 잘못 이끄는 세 가지 목표

스스로가 가족에 기여함으로써 의미 있는 존재가 되고자 하는 노력이 실패할 때, 아이는 자신의 욕구를 만족시킬 수 있는 대안을 찾을 수밖에 없다. 왜냐하면 소속감은 아이의 안도감, 안전함과 자긍심을 위한 기본 요소이기 때문이다. 좌절감 속에서도 아이는 부모의 관심을 받으려고 노력하며, 가족관계에서 특정한 힘을 얻기 위해 노력한다. 그러나 노력하다가 계속 안 되면 앙갚음하려고 할 것이다.

1. 관심

사라는 자신의 노력이 가족에 긍정적으로 기여하고 있다는 것을 인정받지 못했기 때문에, 못되게 구는 것이 관심을 얻기 위한 더 효과적인 방법이라고 생각했다. 아이는 '긍정적인 기여'라는 목적 대신에 '관심을 위한 관심'이라는 것으로 전략을 바꾸었다. 사라는 관심의 중심에 서면 의미와 소속감을 얻을 수 있을 것이라고 이유를 댄다. 이런 잘못된 신념 때문에 아이의 행동은 많이 바뀔 것이다. 그녀는 관심을 얻기 위해 필사적이 될 것이고 가족의 화를 돋우는 대단한 기술을 개발하게 될 것이다.

2. 힘

관심의 중심에 서려는 아이가 필사적으로 노력하면 대개 부모는 손사래를 치곤 한다. 이런 관심에 대한 요구를 강압적으로 묵살하려는 것이다. 그래서 아이는 자신이 중요하다는 것을 느낄 수 있는 또 다른 길을 찾아야 한다. 관찰을 통해 부모는 힘이 있음을 알았으므로, 사라는 자신의 의미를 획득하기 위해 자신도 힘을 키우기로 결심한다.

그녀는 부모의 요구들을 거절하고 규칙에 도전함으로써 자신의 힘을 느끼려고 할 것이다. 그러면 그때부터 아이를 통제하려는 모든 것이 죽기 살기식의 싸움이 된다. 사라는 긍정적으로 기여하고 싶은 스스로의 노력을 인정받고 싶지만 부모는 거절하고, 더 직접적인 관심을 얻기 위한 시도도 실패한다. 힘을 얻는 것이 유일한 선택처럼 느껴진다.

3. 복수

아이가 부모의 권위에 도전하면, 부모는 대개 투쟁의 강도를 올린다. 심지어 육체적 강압에 이르기까지 강도를 올려 응답한다. 이런 패턴이 강화되면, 아이는 더욱 낙담한다. 아이는 관심을 얻거나 긍정적으로 기여하려는 시도들처럼, 힘을 얻어 의미를 획득하려는 시도조차 실패한다. 모든 시도가 수포로 돌아가자 아이는 상처받고 분노한 나머지 자신이 유일하게 주목받을 수 있는 길은 복수뿐이라고 결심할 수도 있다. 복수는 의미를 획득하는 선택된 길이 된다. 아이가 상처를 받는 매 순간마다, 아이는 부모에게 고통을 돌려주려고 한다.

다른 요구

앞에서 예를 든 각각의 경우에서 아이들이 '못된 행동'을 하는 이유는 스스로의 가장 기본적인 요구를 충족시키려는 노력으로 보인다. 반드시 필요한 의미감을 획득하기 위해, 중요한 존재로 느끼기 위해, 가족 사이에서 스스로의 위치를 확립하기 위해, 가족에 소속되기 위해서다. 이런 욕구를 채우려면, 아이는 스스로가 생각하는 효과 있는 일을 해야 한다. 좀더 낮은 기초적 수준에서, 모든 아이들은 여러 욕구를 지니고 있다.

그것들은 자율권에 대한 범위가 큰 욕구에서부터 수면, 음식, 달래주기, 육체적 영양 공급(안아주기, 뽀뽀해주기, 예뻐해주기)과 안전함에 대한 보장(부모가 뚜렷한 제한선을 정해 보호해주기)과 같은 일상적인 것에 이르기까지 다양하다. 이런 욕구는 해마다, 다달이, 나날이, 시시각각 변한다.

정기적으로 발생하는 문제의 원인은 아니지만, 어떤 특수한 상황에서 이런 욕구들은 아이의 행동에 영향을 미칠 수 있다. 만약 아이가 피곤하면, 아이는 시간을 엄수하라는 요구에 응하지 못할 수도 있으며, 더 쉽게 낙담할 것이며, 더 쉽게 짜증낼 것이다. 배고픔은 역시 비슷한 방식으로 영향을 줄 수 있다. 이런 일상적인 욕구를 충족시켜 주면 앞서 설명한 좀더 기초적인 욕구에 보답하기도 더 쉬워진다.

예를 들어 메이는 언제나 장이 파할 무렵에 식료품 쇼핑을 하곤 했다. 그녀는 유치원에서 스콧을 데리고 곧바로 슈퍼마켓으로 향한다.

거의 매번이 악몽이다. 스콧은 카트 옆에 매달려 페달을 밟듯 카트를 굴려서 복도를 이리저리 쏘다닌다. 아이는 진열장에서 물건을 죄다 끄집어내고 엄마와 떨어져 쏘다니다가 불러도 못 들은 척하고 오지 않았다. 한 번은 그러다 지친 메이가 상자를 열어 과자 하나를 스콧에게 주었다. 얌전하게 카트에 앉아 협조하라는 뇌물이었다. 그런데 과자를 먹은 스콧은 이내 침착해졌다. 그는 배가 고팠던 것이다. 음식에 대한 욕구가 충족되었다고 해서 스콧의 행동이 완전히 멈추지는 않았다. 못된 행동이 눈에 띄게 누그러지긴 했지만 메이는 스콧에게 더욱 근본적인 욕구가 있음을 알아내고 스콧의 남은 문제 행동들을 어떻게 처리해야 할지 결정할 수 있었다.

습관화

아이가 뭔가를 할 때 보상을 해주면 그 일을 반복하고 싶어지게 마련이다. 아이가 어떤 일을 할 때 완전히 무시해버리면, 그런 행동은 시간이 흐를수록 없어진다. 인간은 생물학적으로 쾌락을 찾고 고통은 피하게끔 되어 있다. 어린 시절의 경험에서 아이는 쾌락이 자양분을 공급하는 부모와 연관되어 있다는 것을 배운다. 그리하여 오랜 시간에 걸쳐 부모는 자연스럽게 어떤 일에 보상을 하게 되고 마침내는 지켜보는 것만으로도 아이의 어떤 행동을 습관화하게 된다. 이런 일은 그 관심이 긍정적일 때 일어난다. 웃음, 고개 끄덕이기, 우호적이거나 힘이 되는 말을 할 때다. 그런 일은 소리치고, 꾸중하고, 심지어는 매질과 같은 부정적인 관심을 기울일 때도 일어난다.

부모가 아이에게 긍정적인 관심을 보이지 않을 때 아이들은 부정적인 관심이라도 찾는다. 그리고 그렇게 관심을 받을 수 있는 행동을 습관화한다. 이렇게 되면 당신의 아이를 훈육하는 일이 복잡한 일이 되고 만다.

왜냐하면 당신의 부정적인 반응에 대해 아이는 버릇없는 행동을 습관화함으로써, 그 행동이 반복될 수도 있기 때문이다. 당신이 그 사실을 깨닫기도 전에 아이는 못된 행동을 습관화하고 있을지도 모른다. 그러니 아이의 그런 행동에 대한 유일한 대응책은 철저하게 무시하는 것이다.(7장에서 대안적인 접근에 대해 논의할 것이다.)

의도하지 않았음에도 아이의 행동이 습관화될 때도 있다. 정체성 형성 과정을 거치는 동안에도 그럴 수 있다. 이런 예는 부모의 행동을 모방하는 아이들에게서 흔히 찾을 수 있다. 당신의 아이는 당신이 말하고 행동하는 바를 모방할 것이다. 그리고 아이가 모방했을 때 자연히 아이에게는 보상이 주어진다. 그리하여 행동이 습관화되는 것이다. 예를 들어 어떤 아이는 알코올을 자유롭게 사용하는 부모를 관찰하고 스스로에게도 약물 실험을 하려고 한다. 쇼핑가게 좀도둑은 부모가 호텔에서 재떨이나 수건을 가져가는 것을 관찰하고 자신도 모르는 사이에 행동을 습관화한 결과다. 부모가 할인 항공권이나 할인 영화 티켓을 사려고 아이의 나이를 속이는 등 부모가 거짓말을 하면 아이의 거짓말도 습관화될 수 있다.

당신은 행동을 어떻게 습관화하는가?

부모로서 당신이 아이의 원하지 않는 행동을 습관화하고 있을지도 모른다는 것을 감별해내야 한다. 여기 당신을 도와줄 짧은 연습문제가 있다.

종이 한 장을 꺼내 가운데에 줄을 긋는다. 왼쪽에는 아이의 행동에서 가장 화나는 부분과 못된 행동들을 쓴다. 오른쪽에는 그 행동에 대한 당신의 반응을 간단히 적는다. 이제 그 반응들 중 어떤 것들이 아이에게 돌아갔을지 주의 깊게 생각해보라. 반응이란 당신의 혹독한 말 뒤의 미소, 당신의 아이가 아빠를 빼닮았다는 끊임없는 생각, 또는 아이가 당신의 하루를 앗아갔다며 아이를 보내준 요정을 욕하기 등이다.

다음에는 못된 행동에 대해 다른 보상은 어떤 것이 있을지를 스스로에게 물어보라. 그것이 아이의 불안을 감소시킬 수 있는가? 친구들 사이에서 관심을 얻을 수 있을까? 아이가 불쾌한 상황을 벗어나게 할 수 있을까? 못된 행동은 그 자체로 재미있을까? 그런 행동이 아이가 당신을 더 가까이 느낄 수 있는 것일까? (당신만의 방식대로 하는 면이 있는가?) 못된 행동에 대한 결과는 어떤 것들일까? 그 결과는 반복적일까, 일회적일까? 만약 그렇다면 아이는 기회를 잡아서 이번에는 부모의 강력한 반응을 피해보리라고 생각할지도 모른다.

🍓 부모가 직면한 전형적인 문제들

2장에서 완성했던 부모화평가표는 육아에서 화를 일으키는 50개의 상황에 대한 예를 담고 있었다. 우리 조사에는 아래에 보는 바와 같이, 화지수가 낮은 부모에 비해 화지수가 높은 부모들이 중요하다고 표시한 20개의 상황들이 있다. (목록에는 숫자 옆의 괄호 안에 당신이 2장에서 완성했던 질문의 숫자가 있다.)

- (2) 아이에게 뭔가를 해달라고 부탁했는데도 하려고 들지 않는다.
- (7) 아이가 부모의 허락도 받지 않고 뭔가를 한다. (부모의 물건을 가지고 놀거나 밖으로 나간다.)
- (8) 아이에게 뭔가를 시켰는데 아이는 "벌써 다 했어요."라고 하지만 그게 거짓말임을 안다.
- (13) 가게 앞에서나 집에서 뭔가를 사달라고 했을 때 "안 돼"라고 하면 아이가 소리를 지른다.
- (14) 아이가 형이나 누나 또는 언니, 동생에게 소리를 지른다.
- (16) 당신이 일하거나 대화 중일 때 당신을 괴롭힌다.
- (18) 아이가 일부러 물건을 부순다.
- (19) 공공장소에서 말을 듣지 않는다.
- (20) 아이가 당신과 대화할 때 욕을 한다.
- (23) 아이가 일부러 사실이 아닌 말을 한다.

- (25) 아이가 너무 시끄럽게 논다.
- (28) 자기 것이 아닌데도 물건을 집어간다.
- (29) 아이에게 부탁을 하거나 질문을 했는데도 대답하지 않는다.
- (31) 지금 당장 뭔가를 해달라고 떼를 쓴다.
- (33) 장난감을 다른 아이들과 함께 쓰려고 하지 않는다.
- (34) 다른 사람과 이야기하고 있을 때 아이가 끼어든다.
- (36) 가게에만 가면 항상 뭔가를 건드린다.
- (39) 자동차를 타고 있을 때 고함치고 소리 지르며 싸우기도 한다.
- (44) 아이가 자신이 해야 할 정리 정돈이나 양치질 같은 것을 게을리 한다.
- (45) 당신이 일진이 안 좋을 때 아이가 버르장머리 없이 행동한다.

이런 상황들에서 화가 불붙는 이유는 속단, 확대, 그리고 아이들의 행위를 부정적인 편견으로 바라보는 방아쇠생각 때문이다. 만약 여러분이 방아쇠생각 대신 아동의 기질과 아동의 연령별 행위, 소속감과 존재의미를 찾고 싶은 욕구, 습관화 등과 같은 아동 행위의 대안적인 설명으로 생각을 바꿀 수 있다면 화지수에도 큰 변화가 생길 수 있다. 그런 식으로 아이들의 행동을 새롭고 더욱 정교하게 해석할 수 있다면 당신은 터무니없는 방아쇠생각을 잘 다룰 수 있을 것이다. 이를테면 아이들이 엉뚱한 짓이나 용인되지 않은 일들을 할 때도 적절한 방법으로 감정을 드러낼 수 있을 것이다. 그리하여 당신은 침착하게 문제를 처리해나갈 수 있을 것이며 시간이 지나서도 결코 후회하지 않을 것이다.

다음 페이지에서는 20개의 가장 심한 방아쇠생각에 대한 각각의 분석을 제공할 것이다. 이 페이지들을 참고자료로 활용하라. 당신의 가족들 사이에서 일어나는 일을 해당 항목에서 찾아 눈여겨보라. 각각의 상황에서, 전형적인 방아쇠생각이 제시되고, 기질의 4요소, 발전적 접근성, 욕구와 대처 방안, 습관화로 설명될 수 있는 아동 행동의 대안적 설명을 할 것이다. 이런 요소들을 잘 습득하면 당신은 화를 내지 않고 아이들의 행동을 이해할 수 있다.

다음의 예들에서 볼 수 있는 문제적 행동은 일회적이거나 우연한 사건이 아니라 지속적으로 일어나는 것으로 생각된다. 문제가 지속되면 아이의 기질 뿐 아니라 존재감과 소속감을 획득하기 위한 기저욕구의 맥락에서 행동을 살펴보아야 한다.

당신과 아이들에 해당하는 상황의 페이지를 읽고 나서, 131쪽의 연습문제를 풀어보라. 당신과 아이 사이의 화 문제를 이 장에서 습득했던 지식의 관점에서 다시 볼 수 있도록 도와 줄 것이다.

(2) 아이에게 뭔가를 해달라고 부탁했는데도 하려고 들지 않는다.

방아쇠생각
속단 : "나에게 고의적으로 반항하는군."
과장 : "끔찍하다."
편견 : "뭐 이런 게 다 있어?"

대안적인 설명
기질 : 활동지수가 아주 높은 아이는 당신이 무엇을 물어도 대답하기에는 너무 분주할 것이다. 아주 산만한 아이들은 당신의 요구에 따르는 게 어려울 수 있다. 심지어는 당신의 요구가 무엇이었는지 잊어버릴 수도 있다. 아이의 현재 행동에서 변화를 꾀하려고 뭔가를 요구했다면 아이는 변화에 적응하기 어려워하면서 당신이 원하지 않는 반응을 할 수도 있다. 결정적으로, 대답이 없다는 것은 당신의 권위에 도전하는 것이다. 고집이 센 아이가 고집을 부리며 도전하는 것일 수도 있다.

아동발달에 따른 행동 : 부모의 요구에 저항하는 것은 행동 발달 단계에서 볼 때 독립을 위한 자연스러운 아이의 투쟁이다. 그 투쟁은 각 연령의 후반부 반년에 이르면(2살 반, 3살 반) 더욱 강화된다. 독립을 위해 노력하며 지속적으로 떼를 쓰는 아이들은 그런 욕구를 더욱 강력하게 느낀다. 그리고 더 강하게 도전할 것이다.

욕구와 대응 전략 : 이런 행위가 지속적으로 재발된다면 기본적인 욕구가 충족되지 않아서 나오는 일관적인 패턴이라고 생각할 수 있다. 아이는 긍정적인 기여를 하고 싶거나 관심의 중심이 되고자 노력했지만 의미 있는 위치를 차지하지 못한 것으로 느꼈을 수 있다. 그리고 소중한 존재가 되기 위해 힘을 얻으려는 시도를 하고 있을 것이다. 잘못 대응하면 연령대별로 으레 하곤 하는 권위에의 도전이 너무 길어지고 상태도 악화될 수 있다.

습관화 : 지금까지 아이가 당신의 요구에 따르기를 습관적으로 거부했다면, 아이는 당신의 가르침에 역시 같은 반응을 보일 것이다. 예를 들어, 당신이 시키는 일을 아이가 몇 분 안에 하지 않았다면, 당신은 포기하고 그냥 그 일을 스스로 할 것이다. 이런 행동은 아이의 거절을 습관화한다.

만약 당신이 잔소리를 하면 아이는 그것이 부정적이라고 하더라도 필요한 관심을 얻어냈다고 느낄 수도 있다. 만약 당신이 싫어하는 일을 아이가 정기적으로 요구한다면, 아이는 당신의 행위를 모방하고 있는 것이며, 행위는 자연히 습관화된다.

(7) 아이가 부모의 허락도 받지 않고 뭔가를 한다.
(부모의 물건을 가지고 놀거나 밖으로 나간다.)

방아쇠생각

속단 : "너는 이게 나쁜 짓인지 알 텐데도 이런 일을 하고 있구나."

과장 : "네가 이러면 정말 싫다."

편견 : "참 말을 안 듣는 아이구나."

대안적인 설명

기질 : 극도로 산만한 아이들은 허락을 받아야 할지 어떨지 생각하기 어렵다. 심지어는 허락을 받았는지 기억을 못할 수도 있다. 게다가 활발하기까지 하다면 새로운 상황에 대한 두려움이 없기 때문에 이런 행동을 할 가능성이 높다.

아동발달에 따른 행동 : 자율권과 독립을 요구하는 아이들이 한계를 시험하고 권위에 도전하는 행동 발달 단계. 무엇인가를 질문 없이 한다는 것은 행동 발달 단계의 견지에서 볼 때는 지극히 정상적이다. 2살에서 5살에 이르기까지 아이들은 모든 것을 만지고 싶어 한다. 그들은 새로운 물건과 새로운 도전을 좋아하며 물건을 집어가면 소유한다고 믿는다.

욕구와 대응 전략 : 자신이 무언가 크게 기여하거나 능력을 발휘해서 가족 중 의미 있는 위치를 차지하지 못했다고 느끼는 아이는 그 욕구를 채우기 위해 다른 방법을 찾는다. 아이는 힘을 얻는 방법을 시도할 것이며 당신의 권위에 지속적으로 도전할 것이다(당신의 허락을 구하지 않고). 이는 연령별 아동 발달 단계에서 나타날 수 있는 독립심과 자율성의 욕구에 대한 표현을 더 가중시킬 수 있다.

습관화 : 당신이 아이의 소유물을 허락 없이 사용하는 것이 괜찮다고 믿는다면, 아이 또한 당신의 것을 허락 없이 사용해도 된다고 생각할 것이다. 아이는 당신을 자연스럽게 모방하고 있기 때문이다. 만약 아이가 당신에게 일언반구도 없이 집을 나가는데도 당신이 수수방관한다면 아이는 그 행위가 용인된다고 믿고 행위를 습관화할 것이다. 아이가 무엇인가 허락을 받지 않고 하는 어떤 부정적인 관심도 습관화로 이어질 수 있다. 특히 부모가 지속적으로 긍정적인 관심을 주지 않는 상황에서는 더욱 그렇다.

3 (8) 아이에게 뭔가를 시켰는데 아이는 "벌써 다 했어요."라고 하지만 그게 거짓말임을 안다.

방아쇠생각
속단 : "나를 미치게 하려고 작정했구나."
과장 : "더 이상 못 참겠다."
편견 : "이런 맹랑한 것 같으니."

대안적인 설명
기질 : 이런 행위에 기여하는 두 가지 성향은 산만함과 고집이다. 쉽게 잊어버리고 산만한 아이는 끝나지도 않은 과제를 다 했다고 실제로 생각한다. 강하고 부정적인 고집 때문에 아이는 당신의 못 믿겠다는 면전에 대고 계속 변명을 한다.

아동발달에 따른 행동 : 이런 식으로 당신의 권위에 도전하는 것은 모든 연령대의 아이들이 자치권을 확립하는 전형적인 수단이다. 걷잡을 수 없는 전형적인 4살은 처벌이나 거부를 피하기 위해 거짓말을 한다. 5살반이 되면 청개구리 같은 행동을 하는데 그 나이 또래에서는 으레 그렇다. 6살에게 거짓말, 특히 성취에 대한 거짓말은, 최고가 되고 싶어 하는 욕망의 일부분이다.

욕구와 대응 전략: 이런 행위는 소중한 존재로 느끼고 싶어 하는 방식으로서 아이의 힘에 대한 욕구를 반영한다. 그렇지 않으면 이것은 무가치하거나 자기 비하의 느낌에 대처하는 전략을 반영할지도 모른다. 만약 아이가 지쳤을 때 이런 상황이 일상적으로 반복된다면, 요구받은 과제를 피하고 싶은 피곤함과 동반한 욕구가 이런 행위를 더욱 악화시킬지도 모른다.

습관화: 아이가 그런 행동을 하는 이유는 자신의 힘을 과시하기 위한 것이다. 아이에게 뭔가를 시키거나 요구하는 것은 아이의 힘 싸움에 끼어드는 꼴이며 아이의 행동은 더욱 습관화된다.

4 (13) 가게 앞에서나 집에서 뭔가를 사달라고 했을 때 "안 돼"라고 하면 아이가 소리를 지른다.

방아쇠생각

속단: "나를 망신주려고 그러는 거지."

과장: "못 참겠어."

편견: "아주 교활한 아이구나."

대안적인 설명

기질: 기분의 질, 반응의 강도, 그리고 고집은 이런 행위에 영향을 주기 쉬운 성향들이다. 진지하고 쾌활해지기 힘든 성향의 아이들은 명랑한 성향의 아이들보다 실망스러운 일에 더욱 부정적으로 반응한다. 반응의 강도가 센 데다가 고집이 있는 아이라면, 고함소리와 비명 소리는 크고 길게 지속될 것이다.

아동발달에 따른 행동: 아이들이 어떤 것을 원할 때는, 그것을 당장 원하는 것이다. 그리고 그 욕구가 좌절되면 아이들은 각 연령대에 맞는 전형적인 방식의 불만족과 실망을 보여주며 원하는 것을 가지기 위해 행동한다. 예를 들어, 2살짜리의 좌절감에서 나오는 비명은 자신의 반응을 조절할 수 없어서 나오는 일반적인 결과다. 4살 때는, 걷잡을 수 없는 언어를 내뱉음으로써 그 연령대의 전형적인 반응을 보여준다. 게다가 자율권에 대한 요구 때문에 아이들은 부모의 한계를 시험하며 그와 같이 행동한다.

욕구와 대응 전략: 아이들이 언어를 익히기 전에는, 고함치고 비명을 질러대는 것이 좌절감에 대처하기 위한 일반적인 전략이다. 아이들은 나이가 들어감에 따라 그들의 실망감과 좌절감을 언어로 표현할 수 있게 된다. 고함과 비명을 지르는 해프닝이 정기적으로 재발된다면, 부모-자녀 관계에서 힘 싸움을 반영하는 것이라고 볼 수도 있다.

습관화: 아이의 짜증에 굴복해 원하는 것을 줌으로써 이런 식의 행동을 무심코 습관화하기 쉽다. 아이들은 자신이 원하는 것을 얻을 때까지 멈추지 않고 비명을 지를 것이다. 부모가 화나거나 좌절했을 때 고함치거나 비명 지르는 것을 관찰했다면, 아이는 단순히 그런 행동을 모방하는 것이다.

 5 **(14) 아이가 형이나 누나 또는 언니, 동생에게 소리를 지른다.**

방아쇠생각
속단: "나를 시험하고 있구나."
과장: "참다 참다 정말 더 이상은 못 참겠네."
편견: "제멋대로인 아이로군."

대안적인 설명
기질: 아이의 기분의 질, 적응성, 감각 기관의 수용성, 그리고 반응의 강도는 이런 행위에 영향을 주는 요소들이다. 침울하고 쾌활하지 않거나 달래기 힘든 아이는 다른 사람들과의 관계에서 좌절감이 증가될 때 이런 식으로 표현하곤 한다. 아이가 너무 자극을 많이 받거나 그의 반응이 너무 강렬하면, 이런 위험은 더 커진다.

아동발달에 따른 행동 : 2살 때의 아이들은 좌절감에 대처하여 자신의 반응을 조절하는 능력이 없기 때문에, 이런 행위는 보편적이다. 2살 반이 된 아이들은 폭력적이고, 까다롭고 으스대는 행위로 특징지을 수 있다. 4살 된 아이들은 차고, 때리고 침을 뱉는 전형적인 반응으로 화를 내며, 때로는 소음을 동반하기도 한다. 최고가 되고 최선을 다하려는 성격은 6살짜리의 성격을 규정지으며, 8살이 되면 엄마의 관심을 얻기 위해 만족할 줄 모르고 탐욕스러워진다.(그래서 또래보다 어린 형제ㆍ자매와 경쟁관계에 서기도 한다.) 이런 까닭으로 좌절감을 느꼈을 때 아이들은 비명을 지르거나 소리를 지른다.

욕구와 대응 전략 : 아이들이 적절한 언어 기술을 습득할 때까지, 비명과 고함은 자신의 강렬한 좌절감을 표현하기 위한 수단 중 하나다. 아이가 또래의 형제ㆍ자매들 중에서 주목받지 못한다고 느낄 때 그런 행동을 하면 관심을 가져달라는 요구라고 생각할 수 있다. 지속적인 문제가 된다면 이것 역시 힘의 놀이를 재현하는 것이다. ("소리 지르지않고 말하지 못 하겠니!")

습관화 : 아이에게 소리를 지르면 아이 또한 좌절감을 다루거나 원하는 욕구를 충족시키기 위해 이를 습관화한다. 관심을 끌기 위해서나 힘을 과시하기 위해서 그런 행위를 습관화할 수도 있다.

6 (16) 당신이 일하거나 대화 중일 때 당신을 괴롭힌다.

방아쇠생각

속단 : "내가 아무것도 못 하게 방해하는구나."

과장 : "참는 데도 한계가 있어."

편견 : "정말 대책 없는 아이구나."

대안적인 설명

기질 : 활동성, 움츠리는 경향, 산만함과 고집은 이런 행위에 영향을 미칠 수 있다. 활동성이 높은 아이들은 멈추지 않고 한 가지 활동에서 다른 활동으로 내달리기 때문에 필연적으로 시끄럽고 성가실 수밖에 없다. 움츠리는 성향을 가진 아이는 새로운 환경에 대해 수줍어하며 엄마에게서 떨어지려 하지 않는다. 그래서 다른 사람과 이야기할 때 아이 때문에 방해를 받을 수밖에 없다. 고집이 센 아이도 문제를 악화시킬 수 있다.

아동발달에 따른 행동 : 7살 무렵이 되기 전까지의 아이는, 부모의 관심을 사기 위해서라면 거의 만족할 줄 모르는 욕구를 지닌다. 특히 당신이 일하고 있거나 전화통화를 하고 있을 때도 아이들은 만족할 줄 모른다. 3살이 된 아기들은 모든 것을 자신과 함께 하기를 바란다. 5살 난 아이들은 자기가 얼마나 착한지 알아주기를 바란다. 8살 난 아이들은 끊임없이 대화해주기를 바란다.

욕구와 대응 전략 : 당신이 일하거나 말하고 있을 때 당신을 못살게 구는 아이들은 단순히 당신의 관심을 사기 위한 욕구를 표현하고 있다. 아이들이 만족감을 미루는 것에는 한계가 있기 때문에, 그리고 아이는 바로 지금 당장 관심을 받아야겠기에, 가장 직접적인 전략은 당신에게 바로 지금 당장 관심을 가져달라고 요구하는 것이다. 이 전략 때문에 당신이 짜증을 낼 수도 있다. 가족 관계에서 긍정적인 기여를 통해 중요한 위치를 점하지 못했다고 느끼는 아이는 다른 무엇보다도 관심을 보여 달라고 떼를 쓸 것이다. 그 욕구는 정말 끝도 없어 보인다.

습관화 : 당신의 아이가 관심을 보여 달라고 욕구를 표현하고 있다면, 당신은 반응함으로써 아이의 행동을 무심코 습관화하고 있을지도 모른다. 명심하라. 어떤 반응이든, 심지어 화도 관심이다. 그리고 그것은 행위를 습관화한다.

 (18) 아이가 일부러 물건을 부순다.

방아쇠생각

속단 : "나를 화나게 하려고 작정했구나."

과장 : "더 이상 못 참아."

편견 : "이런 짓궂은 녀석 같으니."

대안적인 설명

기질 : 기질 하나만으로는 이런 행위를 설명할 수 없다. 그러나 불안과 좌절감을 불러일으키기 쉬운 성향을 가진 아이들은 이런 식으로 행동한다. 실망을 다루는 데 어려움, 쉽게 자극받는 성향, 반응의 강도가 높음, 부정적인 고집, 그리고 부정적인 기분이 이런 문제에 기여한다.

아동발달에 따른 행동 : 아이들은 원초적으로 한계를 시험하고 규칙을 깨트림으로써 독립성과 자치권을 발전시킨다. 2살 반이나 5살 반과 같이 특정한 나이 때는, 아이가 폭력적이거나, 까다롭거나, 폭발적인 감정을 표현한다. 물건을 깨트리는 것은 그러한 감정의 표현이자 한계를 시험하는 방법이다. 그러나 어린 아이들이 세상과 상호교감하면서 세상을 배운다는 사실을 명심하라. 무엇인가를 만지고 조작하고 구부리고 꼬고 당기고 때리면서 말이다. 만약 무엇인가가 부서지면 아이는 그것으로도 무엇인가를 배운다. 하지만 그 위험성까지 고려할 만큼 사려 깊지는 않다.

욕구와 대응 전략 : 당신의 아이는 당신의 관심을 끌기 위해서나 참을 수 없는 좌절감에 대처하기 위해서 일부러 물건을 깨트릴 수 있다. 그러나

그런 행동이 당신에게 상처를 주기 위해 계획된 것이라면 아이의 목적은 복수다. 아이들이 가족 관계에서 소중한 지위를 획득하지 못하면 그들은 복수하는 것밖에 다른 방법이 없다고 생각할 수 있다.

습관화 : 아이의 목표가 관심을 끄는 것이라면, 당신의 화난 반응이 그런 행동을 습관화할 우려가 있다. 특히 지속적으로 긍정적인 관심을 끌기 위해서라면 더욱 그렇다.

아이가 소중함을 획득하고자 하는 유일한 시도가 복수임을 알고 나서 상처받고 낙담했다면, 아마도 당신이 분노와 화로 대처했기 때문일 것이다. 이 시점에서 아이를 체벌하는 것은 불 위에 기름을 붓는 격이다. 아이가 이 상황이 절망적임을 깨닫는다면 아이의 믿음은 강화되고 행동은 습관화될 뿐이다.

 (19) 공공장소에서 말을 듣지 않는다.

방아쇠생각

속단 : "나를 가지고 노는구나."

과장 : "진짜 짜증나네."

편견 : "영악한 것 같으니라구."

대안적인 설명

기질 : 공공장소에서든 단 둘이 있든 주위가 산만해지는 아이는 당신을 무시하기 쉽다. 그 반대의 경우도 마찬가지다. 감각 수용기관이 덜 발달한 아이들은 집에 있는 것보다 공공장소에서 훨씬 많은 자극을 받는다. 다른 자극이 너무 많아 폭격을 맞은 듯이 멍해져서 당신의 말을 듣지 않는 것뿐이다.

아동발달에 따른 행동 : 저항이나 반대를 통해 자율성과 독립성을 확립하고자 하는 단계다. 이런 식으로 한계를 시험하는 행동은 거의 모든 연령에서 나타난다. 7살이 되면, 아이들은 내성적이거나 수줍어할 수 있으며, 때로는 부모가 무슨 말을 해도 듣지 않을 수 있다.

욕구와 대응 전략 : 공공장소에서 아이에게 하는 훈계가 잘 먹히지 않을 수 있음을 미리 염두에 두라. 아이는 자신의 독립성과 자율성을 표현하기 위해 당신을 무시할 수 있다. 아이는 자신이 소중히 여겨진다는 느낌을 유지하기 위해 힘의 욕구를 그런 식으로 표현할 수 있다. 게다가 아이는 그냥 외부의 자극이 너무 심해 그저 멍해진 것일 수도 있다.

습관화 : 제한된 환경 때문에 당신은 아이가 공공장소에서 버릇없는 짓을 해도 지속적인 훈육을 하지 못할 수도 있다. 만약 그렇다면 당신의 아이는 그런 환경만 되면 말을 듣지 않으려는 행동이 습관이 될 것이

다. 당신이 공공장소에서 아이를 곁에 두고도 나 몰라라 한 채 업무에 집중하는 경향이 있다면, 아이도 마찬가지로 당신의 행동을 따라할 것이다.

 **(20) 아이가 당신과 대화할 때 욕을 한다.**

방아쇠생각

속단 : "내 화를 돋우는구나."
과장 : "감히 나에게 그렇게 말하다니."
편견 : "아예 작정을 하고 머저리처럼 구네."

대안적인 설명

기질 : 이런 행동에 가장 큰 영향을 주는 성향은 아이의 기분, 감각 기관의 수용성, 그리고 반응의 강도다. 아이가 달래기 힘들고, 쉽게 자극을 받고, 반응에 민감하다면 자신의 감정이 강렬하다는 것을 강조하기 위해 욕을 하기 십상이다.

아동발달에 따른 행동 : 속된 말과 욕설은 어디로 튈지 모르는 행동을 하는 4살 때 주로 나타난다. 이 나이의 아이는 금지된 말을 사용해서 스릴을 느낄 뿐 아니라 부모의 반응(부모는 대개 충격을 받는다)에서도 흥분을 느낀다. 7살 전의 아이들은 당신의 권위에 도전하기 위해서 욕설을 한다. 그것이 자율성과 독립성을 발전시키기 위한 일반적인 방법이다.

욕구와 대응 전략: 당신의 아이는 아마도 당신의 관심을 끌기 위해 욕설을 하고 있을 것이다. 욕설은 언어의 새로운 영역을 탐구하고 싶은 욕망의 표현일 수도 있다. 아이가 가족 관계에서 중요한 위치를 차지하지 못하고 있음을 인지한다면, 아이는 힘을 얻음으로써 소속감을 느낄 수 있다고 결론지을 수도 있다. 금지된 말을 사용하는 것은 힘을 얻고자 하는 시도다.

습관화: 아이가 욕을 사용하는 데 화난 반응만 보인다면, 당신은 아이의 행위를 습관화하고 있다. 비록 그것이 부정적인 보답이라 할지라도 관심에 대한 보상을 주면 아이는 그 행동을 습관화한다. 그리고 아이가 긍정적인 반응을 좀처럼 들을 수 없을 때는 당신을 힘 싸움으로 끌어들일 것이다.

여기에 말려들면 역시 아이의 행동은 습관화된다. 당신이 다른 사람과 의사소통하는 동안 당신이 욕하는 것을 아이가 들었다면, 아이는 당신을 모방할 것이다. 부모와 함께 정체성을 만들어가는 과정은 자연스러운 습관화 과정이다.

10   (23) 아이가 일부러 사실이 아닌 말을 한다.

방아쇠생각

속단 : "일부러 거짓말을 하는 거지."

과장 : "이것만은 도저히 못 참아."

편견 : "참 못된 아이구나."

대안적인 설명

기질 : 이런 행위에 기여하는 성향은 산만함과 고집이다. 집중이나 기억에 어려움을 겪으며 몽상을 즐기는 아이는 뭔가를 꾸며내는 패턴을 발전시킬 수 있다. 게다가 아이의 고집이 강하다면, 분명히 사실이 아닌 이야기에도 집착할 수 있다.

아동발달에 따른 행동 : 3살쯤 되면 아이들은 상상 속의 놀이나 환상에 잘 몰입되어 때로는 현실과 몽상을 구분하지 못할 정도로 혼란스러워한다. 사실이 아닌 것을 이야기한다고 해도 아동발달 단계에 따른 건전한 행위로 볼 수 있다. 이런 행동은 주로 어디로 튈지 모르는 4살 무렵 아이들의 일반적인 특징이다. 그들은 뽐내고 거짓말하며 금기사항을 깬다. 6살이 되면, 청개구리식의 심리가 발동해 거짓말을 자주 한다.

욕구와 대응 전략 : 고의적으로 진실이 아닌 것을 말하는 이유는 불만족

스러운 감정에 대처하기 위해서다. 과장하거나 꾸며내는 기술과 재능은 자긍심을 발전시키기 위한 욕구를 반영한다. 불만족감은 가족에 기여하려 하지만 인정받지 못했을 때 발생한다. 그래서 이런 행동은 필사적으로 부모의 관심을 끌기 위한 전략이다. 당신과 아이가 진실을 두고 서로 싸움을 벌인다면, 아이가 말하는 것을 두고 서로 힘겨루기를 하고 있는 것이다. 거짓말하는 것은 당신의 분노나 실망을 피하기 위한 단순한 시도일 수도 있다.

습관화: 아이가 못된 짓을 했다고 털어놓거나 인정했을 때, 부모가 화를 내거나 체벌하면 아이는 진실을 말하는 것만이 최선은 아니라는 결론을 낸다. 거짓말은 처벌을 피하기 위한 논리적인 시도이며, 만약 그 작전이 성공하면 그런 행동은 습관화된다. 게다가 만약 아이가 당신이 멀쩡한 거짓말을 하는 것을 들었다면, 아이는 그런 행동을 모방해 자신의 정체성을 형성하게 될 것이다.

11 (25) 아이가 너무 시끄럽게 논다.

방아쇠생각
속단: "신경 쓰이게 하려고 용을 쓰는구나."
과장: "짜증난다."

편견 : "너는 너무 이기적이야."

대안적인 설명

기질 : 감각 수용기관, 반응의 강도, 그리고 고집은 이런 행동에 기여하는 성향들이다. 행복하든 언짢든 너무 자극에 민감한 아이들은 강박적이고 반응도 크다. 끈질기게 이런 반응을 고집하는 아이도 문제 행동의 원천이 될 수 있다.

아동발달에 따른 행동 : 어린 나이의 아이들은 스스로의 행동을 조절하는 능력이 없는데, 소리의 조절도 그렇다. 2살 난 아이에게는 특히 그렇다. 3살~5살짜리에게는, 환상적인 놀이가 중요한데, 총싸움과 우주선의 발진, 그리고 영화의 소리는 너무 자극적이고 과하다. 4살이 되면, 어디로 튈지 모르는 성격으로 규정되는데, 시끄럽게 노는 것이 일반적이다.

욕구와 대응 전략 : 아이들이 지치고, 배고프고, 스트레스를 받으면 소리를 조절하는 능력이 떨어진다. 큰 소리로 행동하는 것 또한 아이들이 관심을 끌고 싶어 하는 욕구의 반영이다. 만약 그런 행동이 조용하게 놀라는 부모와의 싸움 중에 일어났다면, 그것은 힘을 얻으려는 시도를 반영한 것이다.

습관화 : 아이가 용인될 만큼 조용하게 놀고 있을 때보다 너무 시끄럽게 놀고 있을 때 아이에게 더 관심을 기울였다면, 당신은 시끄럽게 노는 아이의 행동을 습관화하고 있다. 아이는 당신이 반응할 때까지 시끄럽게 굴 것이다. 만약 아이에게 조용히 놀라고 한다면, 당신은 힘 싸움에 말려들고 있는 것이다.

12 (28) 자기 것이 아닌데도 물건을 집어간다.

방아쇠 생각
속단 : "잘 알면서도 그런 짓을 하다니."
과장 : "이번에는 해도 너무 하잖아."
편견 : "고삐 풀린 망아지가 따로 없군."

대안적인 설명
기질 : 자기 것이 아닌데도 물건을 집어가는 행위는 어떤 기질적인 특성보다 아이의 욕구를 잘 반영하고 있다. 그러나 특정한 성향이 그런 행동의 가능성을 증가시킬 수는 있다. 새로운 환경(위험)에 쉽게 접근하려는 경향이 그런 행동에 영향을 줄 수 있다. 그리고 산만함이 심한 경우(몽상하는 경향)에도 그런 빈도가 증가할 수 있다.

아동발달에 따른 행동 : 아이들은 5살이 가까워올 때까지, 물건을 손에 쥐기만 하면 내 것이 된다고 믿는다. 그렇지 않다고 수십 번을 들어도, 아이들은 그게 무슨 뜻인지 모른다. 무엇이든 그들의 손아귀에 넣기만 하면 그건 자기 것이 된다. 게다가 독립성과 자율성을 발전시키는 아이들이 당신의 권위에 도전하고 있는 행위라고 볼 수도 있다. 자신에게 속하지 않은 물건을 집어감으로써 규칙을 깨는 것도 도전이라고 볼 수 있다.

욕구와 대응 전략 : 당신의 아이는 단지 관심을 끌기 위해 물건을 집어갈 수도 있다. 물건을 갖는 행위는 긍정적인 양육이나 관심의 충족되지 못한 욕구에 대한 강한 염원을 반영할 수도 있다. 관심을 끌고자 하는 시도가 무산되면 아이들은 힘을 얻음으로써 가족 관계에서 의미 있는 존재가 되어 위안을 얻으려고 할 것이다. 이런 맥락에서 보면 남의 물건을 갖는 행위는 그 일을 멈추려는 부모의 행위에 대항하여 힘 싸움을 벌이려는 의도다.

습관화 : 아이는 관심을 끌기 위해서 그런 행동을 하기 때문에, 당신이 부정적인 반응을 보여도 아이는 반응하고 결국 그런 행동을 반복할 것이다. 당신이 아이에게 다른 사람의 물건에 손대지 말라고 억지 강요를 한다면 그것은 아이의 힘 싸움에 말려드는 꼴이며, 당신도 모르는 사이에 아이의 행동을 습관화할 수 있다. 아이는 당신이 호텔에서 수건을 가

져가거나 식당에서 성냥을 가져가는 것을 모방했을 수도 있다. 어른이 그러면 괜찮고 아이들이 그러면 안 된다고 하면 아이는 이해하지 못할 것이다.

13 (29) 아이에게 부탁하거나 질문을 했는데도 대답하지 않는다.

방아쇠생각

속단 : "나를 가지고 놀려고 작정을 했구나."
과장 : "말을 듣는 법이 없네."
편견 : "이 쓸모없는 녀석아."

대안적인 설명

기질 : 아이가 활동적이며 주의가 산만한 성향을 지녔다면 이런 행동을 하기 쉽다. 결코 멈추지 않는 아이의 행동은 너무 분주해 대답할 틈이 없어 보이며, 심지어 질문을 들을 새도 없어 보인다. 마찬가지로, 몽상을 하거나 건망중이 심한 아이, 혹은 산만한 아이는 질문을 잘 듣지 못하거나 대답을 생각하는 동안 질문이 무엇인지 잊어버린다.

아동발달에 따른 행동 : 아이는 자율성을 쟁취하기 위해 부모의 한계가 어디까지인지 시험한다. 따라서 당신의 질문에 대답하지 않을 수도 있다. 특히 5살 무렵부터 당신의 권위에 대한 암묵적인 도전은 일상적인 것이 된다. 당신을 무시하거나 대답을 안 하는 일도 잦아질 것이다. 7살이 되면 아이들은 내향적으로 변해 당신의 소리를 듣지 못할 수도 있다.

욕구와 대응 전략 : 아이가 그렇게 반응하는 이유는 가족관계에서 의미있는 위치를 획득하기 위해서다. 긍정적인 기여를 통한 시도가 실패하면, 아이는 힘을 얻어 목적을 달성하려고 한다. 아이의 침묵 속에는 "아무리 그래봐라. 내가 대답이나 하나." 라는 무언의 저항이 내포되어 있다. 아이가 아무것도 의도하지 않았음에도 너무 피곤할 때는 당신에게 응답하기 힘들 수도 있다.

습관화 : 당신이 화를 내고 억지로 아이의 대답을 들으려고 강요한다면, 소중한 위치를 획득하려는 수단으로서 힘을 얻어야겠다는 아이의 생각을 강화하게 된다.
게다가 당신이 아이의 질문에 답하지 않은 적이 몇 번 있거나, 다른 사람에게 그런 식이었다면 아이는 당신의 행동을 그대로 모방하여 강화할 것이다.

14 (31) 지금 당장 뭔가를 해달라고 떼를 쓴다.

방아쇠생각

속단 : "나를 시험하려 드는구나."
과장 : "더 이상 참을 수 없어."
편견 : "너는 못됐고 자기밖에 몰라."

대안적인 설명

기질 : 변덕, 감각기관의 수용성, 그리고 고집 때문에 이런 문제가 생긴다. 불규칙적이고 예측불가능하게 배가 고프고 피곤한 아이는 그런 욕구를 지금 당장 해결해 달라고 요구한다. 만약 아이가 자극에 너무 민감하다면, 아이는 좌절감 때문에 더 이상 참을 수 없는 상태가 된다. 아이는 고집을 부려 자신의 욕구를 충족시키려고 할 것이다. 고집이란 아이의 생존 능력이라고도 말할 수 있다.

아동발달에 따른 행동 : 어린 아이(특히 2살~4살)는 나중에 욕구를 충족시키는 법이 없으며, 뒤로 미루는 법을 모른다. 아이들이 뭔가를 원한다면 나중이 아니라 지금 당장 원하는 것이다. 동시에 그들은 욕구를 채우기에는 자신의 힘이 너무 부족하다는 것을 안다. 그 불만족감을 보충하기 위한 수단으로 이래라 저래라 하는 행세를 한다. 또한 자신을 보살펴 줄 부모의 사랑을 증명하려고 든다.

욕구와 대응 전략 : 아이의 당장 해달라는 요구는 사실상 관심을 끌기 위함이다. 아이가 원하는 것을 말하고 나서 그것을 충족시킨 후에도 또 같은 것을 원하면, 그것은 힘에 대한 욕구를 반영한다. 그러나 아이가 음식, 마실 것이나 휴식을 원한다면 그것은 생존에 필수적인 문제인 배고픔, 목마름과 피곤함을 해결하기 위한 것이다.

습관화 : 지금 당장 뭔가를 달라는 아이의 요구에 굴복하면, 당신은 그런 아이의 행동을 습관화하고 있는 것이다. 아이의 욕구를 만족시킬 때도 당신의 전략대로 해야 한다는 것이 매우 중요하다.
지금 당장 뭔가를 해달라는 아이의 욕구에 당신이 즉각적으로 반응하는 경향이 있다면 그것은 당신 스스로의 욕구를 채우고 있는 행위와 같다.

15   (33) 장난감을 다른 아이들과 함께 쓰려고 하지 않는다.

방아쇠생각

속단 : "나를 짜증나게 하려고 그러는구나."
과장 : "이런 짓은 정말 못 참겠어."
편견 : "일부러 이기적으로 구는 거지."

대안적인 설명

기질 : 이런 행동에 영향을 주는 성향은 아이의 기분, 수줍음, 그리고 적응성을 들 수 있다. 침울한 아이들은 달래기가 힘들고, 아이가 좋아하는 신기한 것이 바로 눈앞에 있어도 자신만이 그것을 간직하려고 하며 사람들과 나누려고 하지 않는다. 그들에게 장난감을 공유하는 일이란 너무나 힘든 일이다. 변화나 일에 적응하는 어려움도 이 문제를 더욱 악화시킨다.

아동발달에 따른 행동 : 이런 종류의 문제는 흔히 2살~3살 정도의 아이에게서 볼 수 있다. 그들은 나누려 하지 않을 뿐이다. 아이의 감정으로 보면 장난감이나 다른 것을 나누는 행위는 너무 불안한 일이다. 4살이 가까워지면, 이런 소유욕은 감소하지만 정기적으로 이런 일이 반복된다고 해서 반드시 행동 발달상의 장애라고 볼 수는 없다.

욕구와 대응 전략 : 또래의 아이들과 장난감을 함께 가지고 놀기 싫어하는 행위는 의미 있는 존재가 되려는 수단으로 힘을 얻고 싶어서다. 아이가 환경이나 다른 아이의 존재 때문에 너무 자극을 많이 받았을 때 그런 행위가 습관적으로 발생할 수도 있는데, 그럴 때는 아이가 더더욱 장난감을 나누려 하지 않으며 행동이 걷잡을 수 없이 치달을 수도 있다.

습관화 : 아이의 장난감을 강제로 빼앗아 나누고자 하면 곧 힘 싸움으로 번질 가능성이 있다. 달리 보면, 만약 당신이 아이에게 당신의 물건을 가지고 놀지 말라는 소리를 반복적으로 했다면, 자신의 물건을 나누려 하지 않는 아이는 당신을 따라하고 있는 것이다.

16 (34) 다른 사람과 이야기하고 있을 때 아이가 끼어든다.

방아쇠생각

속단 : "나를 짜증나게 하려고 그러는구나."
과장 : "정말 싫다."
편견 : "이 쓸모없는 것 같으니."

대안적인 설명

기질 : 적응성, 산만함, 그리고 고집은 이런 행동에 영향을 주는 3가지 성향이다. 실망이나 변화에 대처하기 힘들어하는 아이는 당신의 관심이 자기에게 있다가 대화를 나누기 위해 다른 사람에게 옮겨가는 것도 힘들어한다. 계속 이런 식의 행동을 고집하는 아이들은 여간해서는 그 버릇을 고치지 못한다. 그리고 가르침("내가 대화하는 동안 조용히 놀아."와 같은)을 잊어버리는 경향이 있다. 이런 아이 역시 문제를 악화시킨다.

아동발달에 따른 행동: 모든 연령의 아이들에게 부모의 관심은 필요하다. 그리고 부모가 다른 누군가에 관심을 보일 때 아이의 기분은 급속도로 나빠진다. 게다가 어린 아이들은 자신의 욕구 충족을 지연시킬 능력이 없다. 그래서 그들은 지금 당장 자기에게 관심을 가지라고 요구하는 것이다.

욕구와 대응 전략: 아이는 이런 행위를 통해 자신에게 관심을 가져달라는 표현을 하는 것이다. 도가 지나치다면, 힘을 얻기 위한 노력일 가능성도 있다.

습관화: 누군가와의 대화를 마저 마치기 위해 아이에게 대화를 끊지 말라고 꾸중하거나 주의를 주는 식으로 아이에게 관심을 주었다면, 그것은 대화를 방해하는 행동을 습관화한 것이다. 더 나아가 아이가 대화하고 있을 때 당신이 끼어든다면, 아이는 당신을 모방하고, 당신은 이런 문제 행동의 전형이 되고 말 것이다.

17 (36) 가게에만 가면 항상 뭔가를 건드린다.

방아쇠생각

속단: "나를 시험하려 드는구나."

과장 : "정말 나빠."

편견 : "고집 세고 아무짝에도 쓸모없는 것."

대안적인 설명

기질 : 이런 행동이 성립되려면 몇 가지 성향이 영향을 주어야 한다. 아이가 아주 활발하고 절대 침착한 법이 없다면, 아이는 가게에 갇혀 있는 것을 너무나 힘들어할 것이다. 시각과 청각에 너무 과민 반응하는 아이도 문제를 악화시킨다. 극도로 산만한 아이 역시 당신의 경고를 기억하는 데 어려움을 겪을 것이다. 이런 아이에게 자신을 자제하고 새로운 상황에 두려움 없이 접근하라는 것은 너무 힘든 일이다.

아동발달에 따른 행동 : 어린 아이들은 대부분 만지면서 세상을 배운다. 가게는 완전히 새로운 세상이다. 그리고 아이는 사실상 물건을 만지고 느끼고 집어들 수밖에 없게끔 되어 있다. 4살에 이르면 촉각에 의한 학습은 현저히 줄어든다. 대신 아이는 어디로 튈지 모르게 되는데, 만지는 것도 그런 패턴의 일부다. 또한 금지된 것을 만지는 행위는 당신의 권위에 도전하고 독립성을 찾기 위한 전략일 수도 있다.

욕구와 대응 전략 : 무엇인가를 배우기 위한 수단으로 물건을 만지는 것 외에, 아이는 관심을 모으거나 힘을 창조하기 위해 물건을 만진다. 대개 자신의 능력이 가족 관계에서 중요한 역할을 하지 않는다고 느끼는

아이들이 이런 전략을 쓴다.

습관화: 아이가 관심을 끌거나 힘을 과시하기 위해 어떤 행동을 한다면, 부정적으로 응답하는 것도 아이의 작전에 말리는 일이다. 아이와 티격태격하는 행위는 힘 싸움에 말려들어간 꼴이다. 여기서 가장 중요한 것은, 당신이 상표와 가격을 만지고 보듯 아이도 당신을 따라하고 있다는 점이다. 당신은 되고, 왜 자신은 안 되는지 그 차이점을 아이는 모른다. 아이는 당신을 모방하여 자신의 정체성을 만들어나간다.

18 (39) 자동차를 타고 있을 때 고함치고 소리를 지르며 싸우기도 한다.

방아쇠생각

속단: "나를 미치게 하려고 작정하는구나."
과장: "정말 참을 수 없구나."
편견: "일부러 멍청하게 굴기로 한 건가."

대안적인 설명

기질: 아이가 차량 여행을 답답하고 힘들게 느끼도록 만드는 특성은 활동도나 적응성, 감각의 수용성, 반응의 강도, 고집과 같은 요소들이다.

쉴 새 없이 움직이는 활발한 아이는 차량 여행을 힘들어한다. 아이가 변화에 잘 적응하지 못하고 감각에 과잉 반응하기까지 한다면 이런 어려움은 더욱 악화된다. 게다가 그런 환경에서 좌절감을 느끼거나 고집이 센 아이들은 시끄럽고 거칠게 행동할 것이다.

아동발달에 따른 행동 : 아주 어린 아이들은 언어적인 기술이 발전되기 전에 의사전달을 위해 소리를 친다. 이런 행위는 강렬한 좌절감을 표현하는 수단이기도 하다. 심지어 더 나이든 아이들은 더 이상 참을 수 없는 좌절감을 겪게 되었을 때 그것을 언어로 표현하는 데 어려움을 겪고 소리를 지르곤 한다. 형제·자매로부터 자율성과 독립권을 위해 투쟁하느라 감정표현을 활달하게 하는 아이들도 특히 차 안에 갇혀 있을 때는 더욱 힘들어한다.

욕구와 대응 전략 : 아이가 이런 행동을 통해 관심을 가져달라거나, 심지어는 힘을 얻겠다는 욕구를 표현할 수도 있다. 하지만 그런 것보다는 아이가 스스로의 좌절감을 다스리려고 하는 행위에 더 가깝다. 아이가 지겹고 피로할 때 이런 문제는 더욱 악화된다.

습관화 : 아이가 이런 행동을 하는 이유가 관심을 끄는 게 아니었다 하더라도, 그 응답으로 관심을 주면, 그것은 문제 행동을 습관화하는 결과가 된다.

19 (44) 아이가 자신이 해야 할 정리 정돈이나 양치질 같은 것을 게을리 한다.

방아쇠생각

속단 : "나에게 반항하는 구나."

과장 : "감히 그런 짓을 하다니."

편견 : "너는 너무 게을러."

대안적인 설명

기질 : 활동의 정도, 산만함과 고집이 이런 행동에 영향을 끼치는 3가지 요소다. 절대 침착해지는 법이 없으며, 쉽게 산만해지는, 또는 어떤 과제를 진득하게 하기 힘들어하는 아이는 사소한 집안일을 시원스럽게 하지 못하며, 하더라도 매우 힘들게 한다.

아동발달에 따른 행동 : 모든 아이들은 얼마나 분리와 독립을 쟁취할 수 있는지 한계를 긋기 위해 부모에게 도전하고 시험한다. 일상적인 잡일에 대한 반항은 이런 과정에서 나오는 전형적인 것이다. 5살이 되면, 요구를 곧바로 거절하기보다는 과제를 하면서 빈둥거리는 형태의 반항을 더 많이 볼 수 있다. 그리고 7살이 되면 고집과 완벽주의가 서로 조합을 이룬 특징 때문에 아이는 실제로 아무것도 제대로 하는 법이 없다.

욕구와 대응 전략 : 이런 행위는 아동의 욕구를 반영한다. 아이는 자신의 존재감을 획득하는 수단으로 자신의 힘을 만천하에 선포하는 전략을 사용한다. 예를 들어, 하루의 끝이나 아침에 일어나자마자 아이가 피곤할 때 이런 행위가 습관적으로 일어날 수도 있다. 게다가 아이의 능력은 해마다 변한다. 이런 문제에서 가장 중요한 요소는 연령별로 적합한 집안의 잡일을 주었는지의 여부다. 어떤 아이는 자신에게 너무 버거워 할 수 없는 일이거나 정확히 어떤 일을, 왜 해야 하는지 이해하지 못하기 때문에 집안일을 하지 못한다.

습관화 : 아이에게 강제로 그 일을 시켜 아이와의 싸움에 몰입하게 되면 역시 힘이 있어야 한다는 아이의 생각을 강화하고, 반항을 습관화하게 된다.

   (45) 당신의 일진이 안 좋을 때 아이가 버릇없이 행동한다.

방아쇠생각

속단 : "나를 미치게 하려고 작정했구나."
과장 : "도저히 참을 수 없어."
편견 : "너는 이기적인 아이야."

대안적인 설명

기질: 어떤 성향을 가진 아이든지 이런 일이 벌어질 수 있다. 당신이 일진이 사나운 날을 보냈을 때는 당신의 스트레스에 대한 민감도가 최고조에 달하기 때문이다. 활발한 아이나 침울한 아이, 또는 부모에게 칭얼대고 매달리는 아이, 혹은 짜릿한 일을 즐기는 아이들을 돌봐주는 것만으로도 매우 스트레스를 받는 상황이다. 과잉반응하고 반응의 강도가 세며 완고한 고집을 지닌 아이는 부모의 스트레스를 더욱 가중시킨다.

아동발달에 따른 행동: 당신의 일진이 안 좋은 날, 아이가 못된 짓을 하는 것은 거의 필연적이다. 힘든 하루의 끝에, 바람직하지 않게도 당신은 스스로에게 관심을 가진다. 이런 이유 때문에 당신의 아이는 완벽한 기회를 잡는다. 아이 자신의 자율성을 위해 한계를 시험하는 것이다. 다른 곳에 가 있는 당신의 관심 때문에 아이들은 자신에게 관심을 기울이라고 당신의 참았던 화를 폭발시킨다. 이런 상황에서의 화는 일상적인 것보다 더 힘들어 보인다.

욕구와 대응 전략: 당신의 힘든 하루가 아이와 보낸 탓이었다면, 아이 또한 하루 동안 힘들었을 것이다. 아이는 자신에게 어떤 긍정적인 관심을 달라고 할 것이다. 그게 여의치 않으면 자신의 힘을 확인할 수 있도록 당신을 시험할 것이다. 만약 당신이 아이와 하루를 보낸 게 아니라면, 스트레스를 잔뜩 받은 당신은 스스로에 대한 관심을 보일 것이다. 때문

에 아이는 자신에게 더 많은 관심을 달라고 보챌 수도 있다.

습관화 : 관심에 대한 요구나 힘에 대한 재확인을 멈추려고 아이의 행동에 반응한다면, 당신은 그 행동을 습관화하는 꼴이 된다. 심지어는 부정적인 관심조차도 긍정적인 관심의 부재 속에서 강화된다. 힘 싸움에 말려드는 것은 역시 아이의 힘에 대해 인정하고 그런 행동을 습관화하게 된다.

연습문제 — 아이의 행동 이해하기

지금까지 다양한 문제 행동과 그에 대한 대안적인 설명을 살펴보았다. 당신을 가장 화나게 하는 아이의 행동 하나를 고르라. 그리고 나서 아래에 보이는 빈 칸에 아이의 기질, 연령별 행동, 욕구와 대응 전략, 습관화와 같은 대안적인 설명을 적어보라.

문제 행동

_____
_____
_____
_____

대안적인 설명

기질 : 아래에 열거된 각각의 성향 중 우리 아이의 행동에 기여하고 있다고 생각되는 것에 표시해 보라.

체크
- ■ 활동도
- ■ 기분의 질
- ■ 접근/움츠림
- ■ 규칙성
- ■ 적응성
- ■ 감각수용기관

■ 반응의 강도
■ 산만함
■ 고집

아동발달에 따른 행동 : 필요하다면 96쪽~130쪽에 있는, 연령별로 적합한 행위에 대한 설명으로 돌아가 그것을 참조하라. 그런 다음 그 행동이 우리 아이가 보이는 행동에 끼치는 영향에 대해 적어보라.

_____

_____

_____

욕구와 대응 전략 : 아이의 행동에 기여하는 아래 목록의 욕구나 전략 옆에 표시를 해보라.

체크
■ 소유
■ 관심
■ 힘
■ 복수
■ 육체적 욕구(수면, 휴식, 음식, 해칠 수 있는 어떤 것에 대한 도움)

습관화 : 당신은 이런 버릇없는 행동이 어떻게 습관화될 수 있다고 생각하는가?

_____
_____
_____
_____
_____

이런 행동을 습관화하는 다른 요소는 무엇일까?

_____
_____
_____
_____
_____

When Anger Hurts Your Kids

5장 당신의 사고방식 바꾸기

부모가 스트레스를 받았을 때, 밥아서생각을 속단하고, 편견을 가지거나 과장하면 상황을 있는 그대로 보지 못하고 더 확대하고 왜곡시키며 아이가 일부러 나쁜 행동을 한다고 느낀다. 아이가 게으르고, 제마음대로고, 나쁘고, 이기적이고 속임수를 쓴다고 생각한다면 아무것도 해결할 수 없다.

When Anger Hurts Your Kids

부모가 스트레스를 받았을 때, 방아쇠생각을 속단하고, 편견을 가지거나 과장하면 들불이 발생할 수 있다. 건초 더미가 쌓여 있는 들판에 켜진 성냥을 던지는 꼴이다. 그런 이유로 방아쇠생각은 매우 위험한 속임수인 것이다. 당신은 그런 생각들 때문에 상황을 있는 그대로 보지 못하고 더 확대하고 왜곡시키며 아이가 일부러 나쁜 행동을 한다고 느낀다.

 방아쇠생각 때문에 당신은 아이가 왜 그렇게 행동하는지, 진짜 이유에 대해 생각할 여유를 잃어버린다. 아이의 기질이나 행동 발달 단계, 욕구와 행동이 습관화되는 방식이 진짜 이유다. 아이가 게으르고, 제 마음대로고, 나쁘고, 이기적이고 속임수를 쓴다고 생각한다면 아무것도 해결할 수 없다. 또한 아이가 일부러 당신을 짜증나게 한다고 단정지으면 아이의 반응을 살펴 그 기저의 이유를 분석하기는 불가능하다.

방아쇠생각에 빠져 있으면 감정이 무기력해진다. 당신의 화가 머리 끝까지 나서 소리치고 욕하는 것만 남은 지점에서 방아쇠생각이 나면 화가 폭발해버린다. 그러나 한바탕 소동이 벌어지고 그 불길이 꺼진 후에도 아무것도 변하는 것은 없다. 같은 문제로 인한 갈등이 곧 다시 불붙기 시작할 것이다. 방아쇠생각과 분노는 아무것도 해결하지 못한다. 사실 그것들이 실제로 문제를 해결하는 길을 막아버린다.

당신이 방아쇠생각에 빠져 있는 동안, 당신의 아이에게는 세 가지 사건이 생긴다. 그럼에도 당신은 문제 행동을 일으키는 아이들을 보고 화만 낸다면 그 기저에 있는 원인을 보고 대처하지 못할 수도 있다.

1. 당신의 아이는 스스로를 나쁘다고 생각하기 시작한다

아이가 그렇게 생각하는 데는 간단한 이유가 있다. "너는 나빠."라는 말은 특히 속단하고 과장하고 편견을 가질 때 당신의 분노를 곧이곧대로 아이에게 실어 나르는 메시지다. 당신의 목소리가 격앙될 때, 당신이 꾸중을 하고 욕을 할 때, 당신의 아이는 그 자신의 가치가 그렇기 때문이라고 받아들인다. 당신의 화가 잦아질수록, 아이의 "나는 나쁘다."라는 믿음은 더욱 굳어진다.

2. 당신의 아이는 점점 말을 듣지 않게 된다

대개 어린 아이들은 부모가 화내는 것을 아주 무서워한다. 화를 내면 아이의 관심을 끌고, 때로는 문제 행동을 멈추게도 한다. 이런 경향 때문에 대부분의 부모들은 상습적으로 화를 이용한다. 왜냐하면 처음 사용했을 때 문제행동을 잘 해결했기 때문이다. 그러나 만약 화를 너무 자주 내면, 아이들은 내성이 생겨 무덤덤해진다. 그렇게 되면, 부모는 이전에 냈던 것보다 훨씬 강도 높은 화를 내야만 한다. 당신은 아이가 말귀를 알아들을 새도 없이 점점 더 화의 강도를 높여야 한다. 만성적으로 화내는 부모들은 아이들이 그들을 무시한다고 불평한다. 사실 아이들에게는 아무 말도 통하지 않는다. 화산 주변에 사는 사람들은 '우르릉' 하는 화산 폭발 소리에도 익숙해진다는데, 아이가 부모의 격노를 무시하는 데 익숙해지는 것이 뭐 그리 신기한 일인가?

3. 당신의 아이는 친구들을 멀리하거나 화를 낼 것이다

항상 화를 내는 사람 주변에 있고 싶어 하는 사람이 있을까? 그런 사람은 없을 것이다. 당신의 아이도 마찬가지다. 아이가 당신의 화에 내성이 생겼을 때 생기는 무감각은 갈등 상황 그 자체보다 아이에게 더 큰 영향을 미친다.

아이는 당신과 선을 긋고 문을 닫기 시작한다. 두려움, 아픔과 같은 감정에 무덤덤해지면서 아이는 달콤함, 사랑, 믿음, 기쁨과 같은 감정의 문도 닫아버릴 것이다. 이런 상처받기 쉬운 감정은 아이 자신의 방어를 위한 화로 대체된다. 그렇지 않으면 아이는 당신을 피하기 시작할 것이다.

🍓 부모가 성공적으로 화를 극복하는 방법

만성적인 화의 대가는 아주 크다. 부모들은 그것을 깨닫고 극복하려고 노력한다. 미국 전역에 걸친 조사에서는 부모들이 자극적인 상황에서 사용하는 24가지의 특수한 전략이 있었다. 어떤 것들은 다른 것보다 훨씬 효과적이다. 아래에 보이는 7개의 화를 극복하는 생각은 화지수가 낮은 부모들과 화지수가 높은 부모들을 차별화하는 목록이다. 바꾸어 말하면, 이들 7가지의 극복법은 화를 적게 내는 부모들이 특별히 많이 사용했던 것들이다.

체크
- 1. 이건 그냥 단계일 뿐이야. 아이들은 이런 단계를 거쳐야 해.
- 2. 이건 그 나이 또래로 보면 당연한 일이야.
- 3. 너무 진지하게 생각하지 말자. 유머를 갖자.
- 4. 이건 그냥 자연스러운 충동일 뿐이야.
- 5. 아이는 나에게 일부러 그러는 게 아냐. 그냥 이 순간에 대처하기 위해 이럴 뿐이야.
- 6. 아이는 어쩔 수 없어.(울고, 화내고, 방해하고, 관심을 필요로 하는 등등)
- 7. 그냥 겪는 거야. 나는 대처할 수 있어. 나는 화내지 않아도 돼.

이 7가지 생각은 화내는 부모들이 지나치기 쉬운 효과적인 극복 전략이다. 1번, 2번과 4번 생각을 눈여겨보라. 그리고 아이의 발달 수준에 맞게 자연스럽고 일상적으로 행동에 다시 토를 달아 구성해보자. 4번 역시 아이의 기질에 따른 자연스러운 영향에 대해 알려준다. 3번과 7번에서는 과장하기를 멈추고 방아쇠생각에서 빠져나와 초점을 돌리도록 도와준다. 5번은 아이의 행동이 어떤 기저의 욕구를 극복하기 위한 것이라는 것을 상기시켜 준다. 그리고 6번 생각은 속단에서 당신을 이끌고 나와, 아이니까 그러려니 하고 넘기는 방식으로 여기게 한다.

이제 목록으로 돌아가, 당신이 화났을 때 당신에게 절실한 화 극복에 도움이 되는 생각을 옆에다 적어두라. 당신이 적은 목록 카드에 화 극복에 도움이 되는 생각을 적어두고 욕실 거울에 붙여두라. 어떤 생각을 고르든 당신에게 꼭 들어맞지는 않을 수도 있다. 그럴 때는 당신의 방식에 맞게 수정하라. 중요한 것은, 그것을 믿고 사용할 사람은 다름 아닌 당신이라는 사실이다.

매일 아침마다 이 화 극복에 도움이 되는 생각 읽기를 일상으로 삼아라. 당신이 이것을 더 자주 읽을수록, 자극적인 상황에서 더욱 자주 활용하게 될 것이다.

🍓 방아쇠생각 멈추기

기왕 화를 다스릴 바에는 조기에 다스리는 것이 낫다. 막상 당신이 누군가와 설전을 벌이게 된다면 화를 조절하기는 쉬운 일이 아니다. 당신이 화날 조짐을 알아채자마자, 당신 스스로에게 하는 말을 들으라. 아이를 속단하거나, 문제를 과장하거나, 아이의 어떤 부분에 편견을 갖는지 주목하라.

당신은 방아쇠생각을 무엇이라고 정의하고 어떻게 화를 내는지 살펴보았다. 방아쇠생각을 멈추는 데는 2가지의 방법이 있다. 첫 번째는 방아쇠생각을 화 극복에 도움이 되는 생각으로 바꾸는 것이다. "나는 침착해진다. 나는 화를 낼 필요가 없다. 나는 이 일에 잘 대처한다."와 같이 말이다.

분노를 느낄 때마다 화 극복에 도움이 되는 생각을 되뇌는 것이다. 지금 당장 시작해서 이틀 동안 매번 울컥 화가 치밀 때마다 화 극복에 도움이 되는 생각을 사용해보라.

방아쇠생각을 멈추는 두 번째 방법은 그것을 거부하는 것이다. 당신은 방아쇠생각 때문에 실체를 왜곡하게 마련이다. 이때 당신의 가장 강력한 무기는 진실로 돌아가서 마주치는 것이다. 속단과 과장을 제거하라. 부정적인 의도를 추측하지 말고 편견을 멈추어라. 그리고 당신 자신에게서 문제를 보아야 한다는 것이 더 진실한 관점임을 기억하라.

다음에 나오는 것들은 우리의 연구에 나오는 18개의 방아쇠생각에 당신이 어떻게 대꾸하는지에 대한 본보기다. (3장을 보라.) 이 보기의 대부분은 앞에서 설명한 7개의 화 극복에 도움이 되는 생각에서 파생되거나 재조합한 것이다.

반박문의 본보기

속 단	
방아쇠생각	실제 견해
1. 넌 나를 짜증나게 하려고 하는구나.	아이는 나를 정말 짜증나게 하려는 게 아냐. 지금 이 순간에 대처하고 있는 것뿐이야. 아이에게 필요한 게 뭘까?
2. 너는 나에게 반항하고 있구나.	이건 자연스러워. 아이는 화내지 않을 수 없어. 아이에게 필요한 건 뭘까?
3. 나를 미치게 하려고 작정하는구나.	이건 자연스러운 일이야. 아이는 대처하려고 노력하고 있어. 아이도 어쩔 수 없어. 나에게 일부러 그러는 건 아냐.
4. 나를 시험하고 있구나.	아마 그럴지도 모르지만 나는 대처할 수 있어. 나는 화낼 필요가 없어. 그 나이에 한계를 시험하는 건 자연스러워.
5. 일부러 나를 무시하는구나.	아이가 크는 단계일 뿐이야. ― "나는 안 듣는다."라는 단계. 아이는 어쩔 수 없고 상황에 최선을 다하고 있을 뿐이야.
6. 너는 나를 이용하고 있구나.	당연하다. 아이는 나를 졸라서 원하는 것을 얻는다. 이것이 바로 아이들이 하는 일이다. 그냥 유머감각을 지니자.
7. 고의적으로 이걸 하고 있구나. (나에게 복수하고, 상처 주고, 심술부린다.)	아이는 그의 감정과 욕구에 대처하고 있으며 나를 향해 그러는 게 아니다.

과 장	
방아쇠생각	실제 견해
8. 나는 참을 수 없어.	아이들은 이런 단계를 겪어야 한다. 나는 화내지 않고 이 일을 겪겠다.
9. 이런 행동은 참기 힘들어.	좋아하진 않지만, 나는 대처할 수 있어. 아이도 어쩔 수 없을 거야. 그게 바로 아이가 사는 방법이니까. 나는 성인이니까 컨트롤할 수 있어.
10. 이번에는 너무하는구나.	이번엔 나쁜 시기에 나와 마주친 것뿐이야. 나는 잘 대처할 수 있고, 아이는 내게 그런 짓을 한 게 아니라 그냥 자기가 살아가는 방식인 거야.
11. 내 말을 절대 듣지 않는구나.	좋아. 과장하지 마. 아이가 때로는 듣지만 아이들이 무시하는 건 아주 당연한 일이야. 화내지 않고 아이의 관심을 돌릴 계획이 있어.
12. 감히 네가 어떻게 (나를 그런 식으로 쳐다보니, 나에게 그런 식으로 말을 하니, 그런 행동을 하니 등등)	나는 유머감각을 잃지 않고 해낼 수 있어. 아이는 화가 났다고 나까지 화내야 하는 건 아냐. 일단 침착하고 어떻게 이 아이를 다룰 건지 계획을 세우자.
13. 너는 모든 것을(힘 싸움, 싸움, 형편없는 시간, 악몽으로 만드는구나.)	과장 금지. 언제나 이런 식은 아니었다. 아이는 원하는 게 있으며, 이것이 아이가 무언가를 얻는 방식이다. 나는 소리치지 않고 이 상황에 대처할 수 있다.

편	견
방아쇠생각	실제 견해
14. 넌 참 어떻게 할 수 없는 아이구나.	아이는 그러게 마련이다. 아이들은 얌전하지 않고 거칠다. 속단하지 말고 선을 분명히 그어주라.
15. 영악한 짓을 하는구나.	너무 심각하게 받아들이지 말자. 아이는 자기 방식대로 하려는 것뿐이고 그게 당연하다. 아이들은 어른들보다 힘이 없기 때문에 원하는 것을 얻기 위해 할 수 있는 모든 일을 하는 것뿐이다.
16. 너는 아주 (게으르군, 사악하군, 고집이 세군, 한심하군, 배은망덕하군, 제멋대로군, 이기적이군, 잔인하군, 멍청하군, 영악하군, 청개구리 같군)	속단은 일을 어렵게 만들 뿐이다. 아이의 나이를 감안한다면 모두 당연한 일이다. 나는 화내지 않고 감당해낼 수 있다.
17. 너는 일부러 심술궂거나 정신없게 노는구나.	속단하지 말자. 아이도 때로는 어쩔 수 없을 것이다. 아이도 자신의 욕구를 감당해내려면 그렇게 해야만 한다. 그게 당연하고 나는 조용하게 처리해낼 수 있다.
18. 전혀 아랑곳하지 않는구나(무슨 일이 일어나든, 내가 어떻게 느끼든, 네가 누구를 아프게 하든 등등)	나는 아이가 어떻게 느끼는지 전혀 모르는 게 틀림없다. 속단은 일을 어렵게 만들 뿐이다. 아이들이 자신에게 집중하는 건 당연하다.

보기를 읽고 나서, 당신은 방아쇠생각에 어떻게 대꾸할지 궁리해 보았을 것이다. 이제 3장으로 돌아가 18개의 방아쇠생각들 중 당신이 주로

사용한다고 표시했던 항목을 다시 한 번 되돌아보라. 각각의 방아쇠생각에 위에서 말한 본보기 반박문을 읽어보라. 그리고 그것을 바꾸거나 다시 한 번 써보면 아마도 진실처럼 느끼고 납득할 수 있을 것이다. 기억하라, 위의 진술들은 단지 예일 뿐이다. 당신은 저 진술들을 재단하여 당신에게 꼭 들어맞는 화 극복에 도움이 되는 생각을 바꾸어야 할 것이다.

만약 보기로 든 반박문들이 당신에게 도움이 되지 않는다면, 7개의 화 극복에 도움이 되는 생각으로 돌아가 당신이 울컥 화가 치미는 지점에 대응할 수 있는 좀더 현실적인 당신만의 반박문을 어떻게 이끌어낼 것인지 생각을 떠올려 보라.

예를 들어, 빌은 "너는 나를 이용하고 있구나."라는 방아쇠생각을 자주 사용하곤 했다. 그는 같은 생각에 이렇게 반박했다. "그건 당연해. 아이는 스스로가 원하는 것을 하고 싶을 뿐이야." 그러나 그것은 전혀 도움이 되지 않았다. 빌은 아들의 행동을 받아들이지 못하고 있다는 것이 진실이었다. 그래서 그는 주요 대처 생각으로 돌아가서 결론적으로 다음과 같이 적었다. "이건 정말 짜증나는 일이지만, 나는 해내야만 한다. 왜냐하면 아이가 그런다고 해서 내가 왜 화를 내야 하는가? 내가 화내는 것도 내가 감당해야 되고, 상황에 대처하는 것도 내 책임이다."

헬렌은 자신의 딸에게 방아쇠생각을 사용하곤 한다. "내 말을 절대 안 듣는구나." 그러나 아이가 어른의 말을 무시하는 게 당연하다는 반박문은 도움이 되기는커녕 헬렌을 더욱 짜증나게 했다. 헬렌은 방아쇠생각에 다음과 같이 대꾸하기로 했다.

"나를 무시하면 그 결과가 어떨지 아이에게 분명하게 말해주면 아이는 듣는다. 그렇게 해 주는 게 나의 책임이다."

🍓 예상치 못한 방아쇠생각 극복하기

연구를 위해 우리는 부모들이 사용하는 가장 일반적이고 피해가 큰 방아쇠생각을 확인해 보았다. 그러나 아이들과의 관계에서 부모의 화를 돋우는 생각이 그것들만 있는 건 아니다.

당신이 전혀 대비하지 못 했던 생각과 마주치게 되면, 당신은 그에 대처할 스스로만의 방법을 개발할 필요가 있다. 여기에 아이의 문제행동에 대한 방아쇠생각에 대해 현실적으로 반응할 수 있게 하는 4가지 단계가 있다.

1. 행동의 진짜 이유를 평가하라

4장에서 배운 기술을 사용하여 아이의 기질, 발달 단계, 기저의 욕구, 그리고 습관화되고 있는 아이의 반응을 정의하라.

2. 문제의 크기를 현실적으로 평가하라

확대하지 마라. "미칠 것 같다, 머저리 같은 짓을 하다니……, 정말 통제 불능인 아이로군, 더 이상 참을 수 없어."와 같은 생각을 피하라. 과장하는 대신 정확하게 보고, 정확히 무슨 일이 일어나고 있는지 행동을 묘사하라. "빌은 인디언이 내는 함성을 지르면서 온 집안을 5분 동안 뛰어다녔다." 빌의 실제 행동과 행동한 시간에 대해 사실적 묘사만을 하고 있음에 주목하라.

격앙된 접근도 과장법도 금물이다. 어떤 일이 일어나는지 솔직하고 명백하게 묘사하라. "산드라는 2미터도 넘는 면적의 잔디를 다 뽑아버리고 거기에 물을 뿌려 미끄럼질을 하고 놀았다." 사려 깊게 생각하고 과장을 피하라. "생각이 전혀 없군. 잔디가 완전히 망가졌어. 다른 사람은 어떻게 하라고 이 따위 짓을 하는 거야."와 같은 과장된 생각은 여기에 없다.

사실의 관점에서만 문제 행동을 생각하고 감정이 없는 건조한 생각만으로 한정시키는 것이 낯설게 느껴질 수도 있다. 하지만 과장하기 시작하면 화를 내거나 통제 불능의 상태를 만들 뿐이며, 궁극적으로는 문제 해결의 길을 찾기 힘들게 된다.

3. 부정적인 속단을 중립적인 설명으로 대치하라

2단계의 상세한 부연설명이다. 미친, 게으른, 멍청한, 잔인한, 심술궂은 같은 용어는 당신을 화나게 할 뿐이다. 이런 속단 하에서 방아쇠생각에 자극받으면 당신은 금방 화를 쏟아낼 것이다. 속단을 버리고 무슨 일이 일어나는지에 대한 분명하고 정확한 설명적 관점에 서라.

물론 욕설로 소리치는 것만큼 속이 후련하지는 않을 것이다. '단지 사실만'을 생각하는 마음의 자세를 가질 때다.

속단을 멈추는 것만으로도 화를 내지 않게 도와준다. 매번 그렇게 하기 어렵다면, 화를 막 내고자 하는 시점에서 이런 단순한 질문을 스스로에게 해보라. "지금 정확히 무슨 일이 벌어지고 있는 거지?" 르네는 일주일에 3번, 학교에서 늦게 귀가했다. "지금 정확히 무슨 일이 벌어지고 있는 거지?"라고 물어보라.

그리고 단지 사실만으로 대답하라. 그리고 만약 당신이 모든 사실을 알고 있지 않다면, 아이에게 더 많은 것을 물어보라. 당신이 아이를 고집 세고, 제멋대로고, 연약하다고 속단한 것과는 달리 일이 아주 다르게 진행될 것이다.

잭은 박스와 야외용 접는 의자를 가져다가 세탁물을 뒤집어 씌워 뭔가를 만들어 놓고는 "이건 요새야."라고 말했다. 그러나 그 천과 수건에는 아이의 흙 묻은 발자국들이 찍혀 있었다. 무슨 일이 일어나고 있는지 분명하고 정확한 묘사는 무엇인가? 당신이 속단을 피한다면, 더 쉽게 화를 제어할 수 있다.

4. 당신이 화를 제어하고 냉정함을 지킬 수 있다고 상기하기

당신이 침착하고 화를 잘 제어할 수 있다고 확신하는 것은 중요하다.

 화 일기의 새로운 활용법

당신의 방아쇠생각을 극복하기 위한 연습을 할 때다. 당신이 적고 있는 화 일기를 펴서, 약간 수정할 것이다. 여기 새로운 포맷이 있다.(복사기로 복사할 수 있는 양식이 이 장 끝부분에 있다.)

날 짜	상 황	방아쇠생각	화의 느낌	사실적인 광경	화의 느낌

다음 2주 동안 상황의 항목에 모든 화에 얽힌 사건을 적는다. 지금 당장 느껴지는 당신의 방아쇠생각과 화의 빈도를 적는다(1에서 10까지 점수를 매긴다). 다음에는 사실적인 광경의 칸에 앞서 읽은 4가지 단계를 응용하여 대답해본다. 그러고 나서 화의 정도를 가늠하여 누그러졌는지 관찰한다.

보 기

다음에 리처드의 일기에서 발췌한 4가지 목록이 있다. 자신의 방아쇠생각과 반대로 어떻게 사실적인 광경을 묘사했는지 살펴보라.

날짜	상황	방아쇠생각	화의 느낌	사실적인 광경	화의 느낌
6/7	레베카는 애완용 생쥐를 냉장고에 넣었다.	그건 멍청하고도 잔인한 짓이야. 동물을 배려할 줄 모르는 아이야.	5	나는 이 상황을 침착하게 해결할 수 있다. 내 추측으로는 7살짜리 아이의 생각에는, 생쥐를 냉장고에 넣으면 생쥐가 놀기에 좋은 장소라고 생각했을 것이다.	2
6/7	방에서 세탁물을 가지고 내려오라고 하자 레베카는 말했다. "나보고 이래라 저래라 하지 마. 나에게 시키는 건 나만이 할 수 있어."	아이가 반항한다. 아이는 나와 모든 것을 자기 마음대로 하려고 한다.	6	아이가 이런 짓을 할 때, 더 많은 관심을 받고 싶어 한다는 것을 눈치챘다. 아이는 자신의 의견에 대해 매우 단호한 입장이었고 단순히 세탁물을 가져오지 않겠다는 것은 아니다. 나는 침착하게 아이가 나를 도울 수 있는 습관을 기를 수 있는 방법을 찾을 것이다.	1
6/8	레베카는 내가 영업보고서를 작성하고 있는 동안 있는 소리를 다해 노래를 부르거나 목청을 돋우고 주문을 외워 내 일을 방해했다.	아이는 내가 일하는 것을 방해하려고 한다. 내가 침착하고 조용히 하라고 말을 해도 듣지 않는다.	4	아이는 내 말을 잠시 동안 들었지만 곧 잊어버렸다. 아이는 목소리가 크고 원기왕성하다. 그게 바로 레베카다. 아마도 관심을 받고 싶어 그런 행동을 했을 것이다. 진정하고 침착하자.	1

| 6/9 | 레베카는 학교에 갈 시간이 되자 침대 밑으로 숨었다. 나는 아이를 찾아 온 집안을 다 뒤졌다. | 자기밖에 모르는 아이군. 참다 참다 이건 도저히 더 못 참겠다. 이런 머저리 같으니. 아이는 고의적으로 나를 지각하게 했다. | 7 | 진정해라. 나는 이 상황을 다룰 수 있다. 아이는 그냥 재미로 숨은 것뿐이다. 너무 심각하게 받아들이지 마라. 그 나이에 그렇게 천진난만한 것은 당연하다. 지각을 했다고 해도, 엄청난 일은 아니다. 지금 당장 나오지 않으면 방과 후에 지나 집에서 못놀게 할 것이라고 말하겠다. | 2 |

첫 번째 목록에 주목하라. 리처드는 자신에게 '나는 극복할 수 있다.'고 상기하며 시작한다. 그리고 나서 사실을 묘사한다. 리처드가 레베카의 행동에 대해 사실 그대로만을 이해하려 했을 때 레베카가 자신의 행위에 대해 어떻게 설명했는지를 눈여겨보라. 리처드는 레베카가 그 나이의 수준에서는 정상적이라는 것을 깨달았다. 그는 아주 사려 깊게도 멍청하고, 잔인하며, 동물을 배려할 줄 모른다는 견해를 사실적으로 바꾸었다.

두 번째 목록에서 리처드는 자신이 속단하고 있음을 알았다. 그리고 레베카가 세탁물을 가져오는 것을 왜 거부하는지에 대해 사실적인 설명을 찾고자 했다. 기질, 행동 발달, 그리고 기저의 욕구로 레베카의 저항을 설명하고 있지는 않다. 리처드는 고민 끝에 자신의 부정적인 관심 때문에 레베카의 행동이 습관화될 수도 있다는 것을 감지해냈다. 리처드는 "아이가 반항한다."라는 문장을 단순한 행동의 묘사로 바꾸었다. 아이의 욕구와 바람이 무엇인지 확실하게 기술했다. 결과적으로 리처드는 아이가 협조적인 행동을 습관화할 수 있는 효과적인 수단을 개발하기로 결심했다.

세 번째 목록에서 리처드는 더욱 사실적으로 상황을 묘사하기 시작했고 과장을 수정했다. 그가 했던 속단에 반해, 리처드는 레베카의 기질에 대해 생각하기 시작했다. "아이는 목소리가 크고 원기왕성하다. 그게 바로 레베카다." 리처드는 이런 생각을 하자 아이가 일부러 자신을 화나게 한다는 상상을 할 때보다 기분이 나아졌다.

네 번째 목록에서 리처드는 속단, 확대, 편견을 모두 극복하는 방법을 찾았다. 그는 스스로에게 침착하자고 다짐했고 레베카가 그냥 재미로 그런 행동을 했다고 쓴다. 좀 더 정확한 평가다. 레베카가 숨은 것은 기저의 욕구나 기질과는 상관없었다. 리처드가 더 많은 생각을 하자, 아이의 행동이 그 또래를 기준으로 생각할 때 정상적이라는 것을 알았다. 그는 아이가 자신의 일을 잘 도울 수 있도록 습관화할 수 있는 방법을 찾을 것이다.

다음 페이지는 공란으로 비워둔 화 일기다. 당신은 이 페이지를 복사하여 자신의 일기를 쓰면 된다. 2주 동안 자신의 이야기로 화 일기를 채워보라. 같은 날, 상황과 사실적인 광경을 모두 채우도록 하라. 그리고 화 극복에 도움이 되는 생각을 한 후 화가 얼마나 누그러졌는지 평가하는 것도 잊지 마라.

When Anger Hurts Your Kids

6장 당신의 행동방식 바꾸기

당신은 화가 폭발하려는 순간 화를 조절함으로써 스스로를 제어하는 법을 배웠다. 그러나 막상 아이가 천장으로 밥알을 던지고, 아기는 스카프를 토스터기에 넣는다면 긍정적인 생각에 집중하기 힘들다. 당신은 강박적으로 뭔가 해야 한다는 느낌에 사로잡힐 것이다. 이 장에서는 당신의 행동을 바꾸는 법에 대해 배운다.

When Anger Hurts Your Kids

화는 인식의 문제인 경우가 대부분이다. 앞의 장들에서, 당신은 화가 폭발하려는 순간 화를 조절함으로써 스스로를 제어하는 법을 배웠다. 그러나 막상 아이가 천장으로 밥알을 던지고, 아기는 스카프를 토스터기에 넣는다면 긍정적인 생각에 집중하기 힘들다. 당신은 강박적으로 뭔가 해야 한다는 느낌에 사로잡힐 것이다.

  이 장에서는 당신의 행동을 바꾸는 법에 대해 배운다. 우리 연구에서는 화가 울컥 치미는 순간에 부모들이 지속적이고 성공적으로 대처할 수 있는 4가지 행동을 밝혀냈다. 2가지는 자기 통제의 기술이다. 이완과 아이가 정말로 원하는 것을 정의하기다. 이 장에서 그 기술들을 속속들이 다룰 것이다. 나머지 두 개는 의사소통의 기술인데, 그것은 7장에서 다룰 것이다.

 **이완**

화에 대처하기 위해 이완하는 데는 세 가지 영역이 있다.

- 정기적으로 몸을 이완하여 가족관계에서 누적되는 스트레스 때문에 괴롭지 않게 한다.
- 조기 경고 신호를 인식할 수 있도록 자신을 잘 길들여 화가 치밀기 전에 멈춘다.
- 울컥하는 순간, 빨려들기 직전에 멈추고 심호흡을 하라.

이완을 위한 3주

스트레스는 화의 연료라고 불린다. 스트레스는 지속적으로 축적되기 때문에 일상적으로 이완하고 스트레스를 없앨 필요가 있다. 이완하는 동작을 하기 위해 혼자 조용히 있을 수 있는 횟수를 1~2회 갖는다. 매일 홀로 이완할 시간을 정기적으로 확보하지 못하면 당신은 스트레스를 풀지 못하고 화를 더 자주 낼 수도 있다. 당신의 화 연료 탱크는 언제나 꽉 차 있을 것이다.

1주차 - 심호흡을 하고 점진적인 근육 이완하기

자연스러운 심호흡은 스트레스의 해독제다. 스트레스를 받을 때는 으레 숨이 가빠지거나 호흡이 짧아짐을 경험했을 것이다. 1주일 동안 매일 심호흡하는 연습을 하면 이완과 호흡에 집중할 수 있다. 이 기술은 《이완과 스트레스 감소》(Relaxation & Stress Reduction Workbook, 데이비스, 에쉘먼, 맥케이 1994)라는 책에서 인용했다.

1. 팔과 다리를 꼬이지 않게 곧게 펴고 등을 쫙 펴서 눕는다. 눈을 감는다. 몸에서 긴장이 느껴지는 부분을 찾고 그 긴장을 의식적으로 몸에서 내보낸다. 편안한 느낌이 들 때까지 온 몸의 막힌 곳을 뚫듯이 긴장을 내보낸다.
2. 한 손은 배에 두고 다른 한 손은 가슴에 둔다.
3. 깊고 천천히 코를 통해 공기를 들이마신다. 손을 얹은 배가 부풀어 오름을 느낀다. 배에 숨을 불어넣는다. 배가 충분히 불러오면 가슴에 얹은 손이 미세하게 움직일 것이다.
4. 아주 부드럽게 '후' 하는 소리를 내면서 입을 통해 숨을 내쉰다. 입, 혀와 턱의 힘을 뺀 채 아주 부드럽게 숨을 내쉰다. 당신이 배로 숨쉬기가 어렵다고 느낀다면 내쉴 때 배를 눌러주어 숨을 들이쉴 때 손이 다시 원상태로 돌아갈 수 있게 한다. 다른 방법은 바닥에 배를 깔고 엎드려 배가 눌리도록 한 채 깊은 숨을 내쉬는 것이다.
5. 배가 불러온다는 느낌으로 길고 천천히 깊은 숨을 마시고 배가 꺼진다는 느낌으로 부드럽게 내쉬기를 반복한다. 배의 움직임과 숨소리에 집중하라. 점점 더 이완될 것이다.
6. 이 동작을 적어도 5분 이상 반복한다. 10분이나 15분 동안 한다면

더욱 좋다. 이 동작의 끝 무렵에 몸에서 긴장된 부분을 찾아보고 처음 시작할 때보다 얼마나 이완됐는지 관찰하라. 이래와 같이 이완하는 동작을 통해 숨을 내쉴 수 있다.

점진적인 근육 이완술은 긴장된 근육에 직접적으로 작용한다. 당신의 몸, 주요 근육에 힘을 꽉 주었다가 풀어주기를 반복한다.

1. 등을 땅에 닿도록 하고 편안한 자세로 눕는다. 오른쪽 주먹을 꽉 쥐고, 당신이 만들어 내고 있는 긴장에 대해 생각해보라. 7초 동안 주먹을 꽉 쥔 채로 유지하고, 그 긴장을 바라보라. 그리고 이완하라. 오른쪽 손이 이완됨을 느끼면서 아까 느꼈던 긴장과 대비하여 관찰하라. 7초 동안 주먹을 꽉 쥐고 이완하는 동작을 반복하라. 왼손으로도 같은 과정을 반복하라. 그리고 양손의 동작을 한꺼번에 해보라.

2. 이제 팔꿈치를 구부리고 보디빌더들이 하는 자세를 취하면서 이두근에 힘을 준다. 이두근에 힘을 준 채 7초 동안 유지했다가 이완한다. 당신의 이두근이 이완되는 것을 느껴보라. 긴장과 이완의 차이를 느껴보라. 적어도 한 번 이상 반복한다.

3. 이마에 가능한 한 단단하게 주름을 잡고 7초 동안 유지한다. 그리고 긴장을 이완한다. 당신의 이미가 부드러워짐을 느끼고 그 대조됨을 관찰하라. 다시 이마를 찡그리고 그 긴장을 관찰한다. 7초 동

안 유지했다가 다시 이완한다. 그리고 7초 동안 눈을 가능한 한 단단하게 감는다. 이완하고 부드럽게 감기를 반복한다. 차이를 느껴보라. 부드럽게 입을 다물고 턱을 단단히 조인다. (악관절 장애로 만성적인 통증이 있다면 이 단계를 건너뛰어라.) 당신의 턱관절에서 긴장이 어떻게 퍼져 나가는지 느껴본다. 그리고 긴장을 이완하고 입을 벌린 채로 한동안 놓아두라. 긴장과 이완을 대조하여 차이를 느껴본다.

다음에는 입천장으로 혀를 밀어 단단히 압착시킨 후에, 이완하라. 이완하고 말이 내는 듯 '푸르르' 소리를 내며 숨을 내쉰다. 당신의 이마, 눈, 턱, 입, 혀와 입술이 어떻게 이완되었는지 관찰하라. 이 모든 과정을 한 번 이상 반복한다.

4. 머리를 뒤쪽으로 젖히고 목에 느껴지는 긴장을 관찰한다. 머리를 좌우 양쪽으로 돌리고 긴장감이 어떻게 위치를 바꾸며 돌아다니는지 관찰한다. 그리고 턱이 가슴에 닿도록 머리를 앞쪽으로 숙인다. 머리를 뒤쪽으로 부드럽게 넘기면서 이완한다. 당신의 목과 인후를 어깨와 등 쪽으로 움직이면서 이완감이 퍼져나가는 것을 관찰한다. 어깨를 으쓱거리고 머리를 숙여 등을 둥글게 구부린다. 귀를 어깨에 닿게 하여 7초 동안 그 긴장을 유지한다. 당신의 어깨에 따뜻하고 묵직한 편안함이 밀려오는 것을 느끼며 이완하라. 적어도 한 번 이상 반복한다.

5. 이제 당신의 폐가 완전히 팽창되도록 숨을 들이마시고 가슴을 긴

장시킨 후 7초 동안 호흡을 참는다. 그리고 '쉬' 하는 소리와 함께 숨을 내쉬면서 가슴을 완전히 이완시켜라. 이와 같이 숨을 들이쉬고 내쉬면서, 각각 호흡을 할 때마다 점점 더 깊이 이완되도록 한다. 그리고 배에 힘을 주고 7초 동안 유지한다. 그 긴장에 초점을 두고, 다시 이완하고 그 이완에 집중한다. 배 위에 손을 얹고 숨을 쉴 때 배가 불룩해지도록 하며, 배를 단단하게 만든다. 그 다음 숨을 내쉬면서 이완한다. 다음에 너무 긴장시켜 아프지 않도록 등을 둥글게 구부린다. 7초 동안 유지한 후 이완한다. 이 모든 과정을 반복한다. 그리고 고요하게 한동안 쉬며, 이완을 즐긴다.

6. 발뒤꿈치에 힘을 주어 허벅지와 엉덩이에 알통이 생기게 한다. 7초 동안 유지하고 난 후 이완한다. 긴장과 이완의 차이에 집중한다. 다음에, 종아리가 단단해지도록 발가락을 구부린다. 힘을 주고 이완한다. 발가락을 머리 쪽으로 당기고 정강이 쪽의 긴장을 느껴본다. 긴장하고 이완하라. 이 단계를 적어도 한 번 이상 반복한다.

7. 고요하고, 무겁고, 따뜻한 이완감이 머리끝에서 발끝까지 전신의 근육에 퍼져가는 것을 느껴보라.

점진적인 근육 이완술은 당신의 몸을 완벽하게 이완시킬 수 있는 가장 훌륭한 방법이다. 각각의 작은 근육군에 집중하여 위에서 설명한 동작을 반복하는 것이 처음에는 시간 낭비라고 생각될 수도 있다. 하지만 근육의 이완된 느낌이 어떤 것인지 알면 빠른 시간 내에 이완할 수 있고, 몸에서 긴장을 밀어낼 수 있다. 이 방법은 실생활에서 간단히 활용할 수 있다.

1. 양쪽 주먹을 꽉 쥐고 보디빌더들이 하는 것처럼 양쪽 팔꿈치를 구부려라. 4초 동안 유지했다가 이완한다.
2. 머리를 뒤로 젖히고 얼굴을 찡그리고, 턱은 당기고 입은 오므리고 혀는 입천장으로 밀어올린 채 천천히 목을 돌린다. 4초 동안 머리를 돌리고, 이완한다.
3. 가슴으로 숨을 깊이 들이마시고, 등을 둥글게 구부린다. 4초 후 숨을 내뱉고 이완한다. 숨을 배로 깊이 들이마시고, 4초 동안 힘을 주어 긴장시킨다. 그리고 숨을 내뱉으며 이완한다.
4. 발뒤꿈치를 얼굴 쪽으로 당긴다. 4초 동안 그대로 유지하다가 이완한다. 발가락을 구부리고 종아리, 허벅지와 엉덩이에 힘을 준다. 4초 동안 유지하다가 이완한다.

2주차 — 긴장 없이 이완하기

각각의 근육군들을 긴장시키고 이완시키는 차이를 느끼는 데 한 주를 보내고 나서, 당신은 긴장 없이 이완으로 전환할 수 있게 된다. 점진적인 근육 이완을 하는 8단계 각각의 과정에서 전반부의 긴장시키는 과정을 생략한다. 5~7분 이내에 완전히 이완할 수 있게 된다.

연습을 한다면 당신은 각각의 근육을 긴장시키는 첫 단계를 할 필요

없이, 오직 마음의 집중만을 통해서 각각의 근육군들을 이완시킬 수 있게 된다. 만약 몸에서 긴장된 근육과 이완된 근육의 차이를 느끼기 힘들다면, 차이를 쉽게 느낄 때까지 1주차의 지침을 따른다.

1. 팔걸이가 있는 편안한 의자에 앉는다. 몸을 움직여 편안하게 자리 잡는다.

2. 호흡에 집중하면서 숨을 깊이 들이마시고, 처음에는 배에 공기가 차는 것을, 다음에는 가슴 아래에, 마지막에는 가슴에 공기가 차는 것을 느낀다. 잠시 호흡을 멈추고 자세를 바로잡는다. 다음에 모든 긴장과 걱정을 허공으로 보낸다는 느낌으로 입을 통해 숨을 내쉰다. 숨을 다 내쉴 무렵 가슴과 배를 이완하며 의자에 털썩 내려앉는다는 느낌으로 온몸의 힘을 뺀다. 계속해서 점점 더 길고 느리게 호흡하여 완전히 이완되도록 한다.

3. 이마를 이완하여 주름살을 편다. 아주 깊이 호흡한다. 이제 눈썹을 이완한다. 모든 긴장을 녹인다. 이완감이 턱까지 번지도록 한다. 입술이 약간 벌어지고 혀가 이완되도록 놓아둔다. 모든 긴장이 사라지도록 놓아둔다. 천천히 숨을 들이쉬고 내쉰다. 공기가 당신의 인후를 이완시키고 있음을 느낀다. 당신의 얼굴 전체가 평화롭고 고요해짐을 느껴본다.

4. 고개를 부드럽게 돌리고 목이 이완됨을 느껴본다. 어깨의 긴장을 풀어라. 어깨를 최대한 아래쪽으로 늘어뜨린다. 턱은 대롱대롱 매

달려 있는 듯하고 당신의 어깨는 무겁고 아래쪽으로 처진다. 이제 그 이완감이 팔 쪽으로 번져 이두박근과 삼두박근, 그리고 팔뚝을 거쳐 마침내 손과 손가락으로 내려간다. 당신의 팔은 따뜻하고 무거우며 축 처져 있다. 머리끝에서부터 어깨와 팔 쪽으로 이완감이 번져나가는 것을 느껴본다.

5. 이제 당신의 배와 가슴에 집중한다. 숨을 깊이 들이쉬고 참은 후 당신의 몸통 전체로 번져가는 것을 느껴본다. 입을 통해 아주 부드러운 입김을 내보내듯 숨을 내쉰다.

6. 이완감이 당신의 복부로 움직이는 것을 관찰한다. 복부가 자연스럽고 편안할 때 모든 근육들이 각자의 긴장을 방출하는 것을 느껴본다. 허리와 등을 이완하라. 숨을 깊이 들이마시고 내쉰다. 당신의 상체가 얼마나 이완되고 무거워졌는지 관찰한다.

7. 이제 하체를 이완한다. 엉덩이가 의자 아래쪽으로 가라앉고 있다는 것을 느껴본다. 허벅지를 느껴보고 무릎을 느껴본다. 그 이완감이 종아리와 발목을 거쳐 당신의 발에서 발가락으로 퍼져나간다. 당신의 발은 따뜻하고 무거우며 바닥에 붙은 듯 무거울 것이다. 숨을 내쉴 때마다 점점 이완된다.

8. 숨을 깊이 들이마시고 몸의 긴장을 관찰한다. 당신의 다리가 이완되고 등이 이완된다. 어깨와 팔이 이완되고 얼굴이 이완된다. 고요하고 평화롭고 따뜻하며 긴장이 풀린다.

9. 만약 어떤 근육군을 이완하기 어려우면, 그 어려운 곳으로 돌아가

서 다시 동작을 반복한다. 등이 아직도 딱딱한가? 어깨는? 이마는? 턱은? 근육을 약간 긴장시킨 후 잠시 긴장을 머금었다가 푼다. 마지막 근육까지 흐물흐물해지도록 이완하고 전신의 완전한 이완감을 만끽하라.

이 지침이 점진적인 근육 이완법보다 짧고 단순해 보이지만 필요한 기술의 수준은 더 높다. 근육군에서 긴장이 빠져나가도록 하고 새로운 근육군에 집중하고 있을 때는 그 긴장이 다시 침범하지 않도록 한다. 긴장하지 않고 5~7분 동안 이완하고, 1주차의 점진적인 근육 이완에서 느꼈던 이완감을 느껴야 한다.

3주차—즉시 이완법

즉시 이완법은 2~3분 내로 이완하는 방법이다. 당신이 이완하고 싶을 때 곧바로 할 수 있도록 호흡에 집중하고 스스로를 훈련시킨다. 반복 연습을 통해 당신은 '이완하라'는 정신적 명령과 진짜 근육 이완 사이의 연결을 형성할 수 있을 것이다.

이 방법을 연습하기 전에, 2주차의 긴장 없이 이완하는 법에 숙달되어야 한다는 것을 명심하라. 스스로가 이 지침을 녹음하여 사용하면 더욱 익히기 쉬울 것이다.

1. 의자에 편안하게 앉아서 팔걸이에 팔을 올려놓고 발은 바닥에 편

하게 붙인다. 눈은 뜬 다. 숨을 깊이 들이마시고 잠시 동안 멈춘다. 아주 천천히 흐르는 시냇물처럼 하루 동안의 근심과 아이들에게 받은 스트레스를 모두 날려 보낸다. 아주, 아주 멀리 보낸다. 폐를 완전히 비우고 배와 가슴을 편안하게 이완한다.

2. 긴장 없이 이완하는 법을 사용하여 당신의 이마에서 발끝까지 30초 동안 온몸을 이완한다. 시간이 더 필요하다면 더 연장해도 좋다.(만약 녹음을 한다면 여기서 30초 동안 틈을 두라.)

3. 당신은 평화롭고 편안함을 느낀다. 당신의 배와 가슴은 들숨과 날숨에 따라 천천히 들어갔다 나온다. 각각의 숨결마다 이완의 느낌은 점점 더 깊어진다.

4. 숨을 깊고 규칙적으로 쉰다. 조용히 혼잣말을 하라. 숨을 마실 때 "숨"이라고 말하고 내쉴 때 "이완"이라고 말한다.(녹음할 때는 각각 8초씩이면 된다.)

숨……이완……

숨……이완……

숨……이완……

숨……이완……

각각의 숨결마다 평화와 고요함을 담아 걱정과 긴장을 떠나보낸다.

5. "숨……이완……"이라고 조용히 혼잣말하며 숨쉬기를 수 분 동안 반복한다.(녹음할 때는 수 분 동안 침묵한다. 이 부분에서는 소리 나지 않게 스스로에게 혼잣말하는 것이 가장 좋다.) 그 단어와 호흡의 과정에

모든 관심을 집중하라. 당신의 모든 근육이 숨을 쉴 때마다 더욱 더 깊이 이완됨을 느낀다. 당신의 모든 생각을 마음속에서부터 나온 "이완"이라는 말로 채워지도록 하라. 눈을 감고 더 깊이 집중한다.

6. 숨을 내쉴 때 다음의 단어들을 외고 이완한다.

    숨……이완……

    숨……이완……

    숨……이완……

    숨……이완……

7. 숨을 내쉼에 따라 이 단어들을 수 분 동안 왼다. 각각의 들숨마다 평화와 고요함이 들어오고 날숨마다 걱정과 근심이 나간다.(녹음할 때는 이 부분에서 잠시 멈춘다.)

8. 시간이 있다면, 10~15분간의 회복 시간 후에 전 과정을 다시 반복한다.

당신이 일주일 동안 즉시이완법을 익힌다면, 이 기술로 얼마나 고요해지고 평화로워질 수 있는지 알 것이다. 날마다 정기적으로 시간을 정해 즉시이완법을 실시한다. 또 다른 선택으로는 다음에 소개되는 호흡세기 명상이 있다. 무엇보다 중요한 것은 이완법의 지침대로 꾸준히 해나가는 것이다. 신호 문구인 "숨……이완……"은 어떤 화가 치미는 상황에서도 사용할 수 있다. "숨……이완……"이라는 말을 할 동안 전신의 근육에 묻어 있던 긴장을 내보낸다.

호흡 세기 명상

즉시이완법을 익히는 과정을 즐겼다면 오랜 세월 동안 동양의 정신적 수련법 중 하나였던 비슷한 수련법을 사용해 좀더 깊은 차원까지 이완하는 것도 좋다. 이 수련법은 화를 다스린다는 견지에서 다루기는 하지만, 계속하면 정통적인 명상 수련법의 기술을 익힐 수도 있다.

1. 앉거나 누운 상태에서 몸과 마음을 편안하게 한다. 심호흡을 몇 번 한다. 눈을 감거나 당신 앞의 약 1~2미터 앞의 어떤 지점에 눈의 초점을 고정시켜라. 눈은 고정시키든 아니든 상관없다.
2. 깊은 호흡을 하되 억지로 복식호흡을 할 필요는 없다. 수련을 할 때 호흡의 각 동작에 집중하라. 들숨, 전환(들숨을 멈추고 날숨을 시작하는 순간), 날숨, 멈춤(날숨과 들숨 사이), 전환(들숨을 시작하려는 순간), 들숨과 같은 순서로 계속한다. 멈춤의 호흡에 주의한다. 호흡 사이에서 멈출 때 몸에는 어떤 감각이 있는가?
3. 내쉴 때 '하나'를 세고 다음에 내쉴 때 '둘'을 센다. 다음은 '셋', 그리고 그 다음은 '넷'. 그 다음에 다시 '하나'를 시작한다. 숫자 세는 걸 잊어버리면 그냥 다시 시작하면 된다.
4. 숫자를 세다가 자기도 모르게 어떤 생각에 몰두하게 되는 것에 주의한다. 그러면 차분하게 다시 호흡을 센다. 당신의 마음이 이리저리 흐르는 것은 당연하다. 명상의 실체는 그런 생각을 바라보고 주의를 기울이는 것이다. 이 경우에는 호흡으로 돌아가는 것이다.

5. 몸에서 가려움이나 아픔 같은 특별한 감각이 느껴지면, 그 감각이 사라질 때까지 지켜본다. 그 다음 들이쉬고 내쉬면서 숫자를 세는 것에 집중하라.

당신이 원한다면 다음과 같이 변화를 줄 수도 있다. 몇 분 동안은 호흡을 세면서 시작한다. 그런 다음 숫자 세기를 멈추고 호흡의 감각에 집중한다. 복부가 팽창하고 가라앉는 것에 집중한다. 호흡이 드나듦에 따라 복부에 빈 공간이 얼마나 커지고 작아지는지 느낄 수 있는가? 당신은 같은 호흡을 하더라도 숫자를 세면서 했을 때보다 숫자를 세지 않았을 때 더 잡생각을 많이 했을 것이다. 몇 개의 수를 정해 숫자를 순환시키면서 세면, 생각이 일어날 여지가 적어진다.

 마음이 흘러 다니는 것에 방해받지 말라. 그저 마음이 그렇다는 것을 바라보고 호흡의 감각을 지각하는 것으로 돌아가라. 이따금 당신은 깊은 생각에 빠져들고 싶을 수도 있다. 그러면 자신에게 '이 명상 시간이 끝나면 그 문제에 대해 깊이 생각하자' 라고 말해주고 그냥 내버려둔다. 바깥세상의 소리들이 당신의 지각의 경계를 지나고 또 지날 것이다. 그렇더라도 그러려니 하고 호흡으로 돌아가라.

조기 경고 신호 잡아내기

화의 조기 경고 신호는 모든 이들이 화가 일어나기 직전에 겪는 육체의 특정한 징후다. 지난번에 당신이 화를 냈을 때를 떠올려보라. 실제로 눈을 감고 화가 났을 당시의 사건을 다시 경험하고 있다고 상상해보라. 당신의 몸에 어떤 일이 일어나는지 면밀히 관찰해보라.

　모든 강력한 감정과 마찬가지로 화는 당신의 몸 전체에 영향을 끼치는 복잡한 심리학적 흥분을 야기한다. 여기 화의 초기 경고 신호가 될 수 있는 육체적 징후가 있다.

맥박이 빨라짐	숨이 참
숨이 가빠짐	땀이 남
숨을 헐떡거림	턱이 삐걱거림
피부가 붉어짐	심장박동이 더 강해짐
현기증이 남	가슴이나 복부가 긴장됨
몸이 달아오름	불빛이 더 밝거나 침침해 보임
미간이 좁아짐	소음이 더 크거나 더 부드럽게 들림
시야가 좁아짐	목, 어깨, 팔과 주먹의 근육이 긴장됨
마음이 조마조마함	

다음에 화가 울컥 치밀어 오르면, 위의 징후들 중 어떤 조기의 화 반응을 느끼는지 관찰해보라. 이 증상들이 당신의 조기 경고 신호다. 당신이 그 징후들을 알아채자마자, 그것은 경고 신호이므로 화를 멈추기 위해 심호흡과 즉시이완법을 사용할 수 있다.

　제이크는 집에서 그림을 그리는 화가인데 특별히 비싼 그의 붓을 아끼곤 했다. 어느 날 오후 그는 낮잠에서 깨어나 테라스로 나갔다. 그러자 그의 4살짜리 아들인 아서가 아빠의 가장 아끼는 붓에 사과주스를 적셔 그림을 그리고 있었다. 아들은 주스 때문에 끈끈해진 붓을 더러운 시멘트 바닥에 비벼 갈아내고 있었다. 제이크는 속에서 창자가 꼬이는 듯했고 얼굴이 화끈거렸다.

그것들이 그의 조기 경고 신호들이다. 그 징후들을 통해 자신이 위험수위에 있음을 알아차리고 즉시 화를 다른 식으로 전환해야 한다는 것을 알았다. 그는 심호흡을 하고 아서에게 뭔가를 말하기 전에 스스로에게 "숨……이완……" 이라고 말했다. 이 조기 경고 신호들을 잘 알아챈 덕분에 제이크는 행복하게 그림을 그리고 있는 아들에게 소리를 질러 겁주는 일을 피할 수 있었다. 제이크는 부드러운 방법으로 그의 가장 아끼는 붓을 구할 수 있었다. 아들의 손에는 이미 망가진 오래된 붓을 쥐어 주었다. "자, 이건 너의 전용 붓이란다. 네 것이니 항상 간직하렴."

멈추고 호흡하기 – 부모를 위한 타임아웃

이 기술은 화를 촉발시키는 상황에서 입을 닫고, 생각을 멈추며, 폐를 활짝 열어서 화를 다스리는 방법이다. 조기 경고 신호들을 알아채면 다음과 같은 단계를 따르라.

1. 화 극복에 도움이 되는 짧은 생각을 사용하여 대꾸하라. 스스로에

게 강하고 단호하게 말하라. "이완하라. 나는 할 수 있다. 나는 침착해질 수 있다." 이 진술을 당신만의 표현으로 바꾸라. 당신이 이완하기 쉽게 외고 마음에 담아둘 수 있도록 가장 쉬운 문장을 찾을 때 까지 실험해보라. 여기에 스스로에게 웰, 화 극복에 도움이 되는 몇 가지 유용한 생각이 있다.

화 내지마, 소리치지 마.

그만! 정지, 멈춰.

침착, 조용, 그리고 이성.

침착할 시간이다.

2. 당신의 모든 관심을 호흡으로 전환하라. '숨……이완……' 이라는 신호를 스스로에게 외고 심호흡을 하라. 심호흡 연습에서 했던 것처럼, 아주 길고 느린 숨을 코로 들이쉬고 입으로 내쉬어라. 바닥에 누울 필요 없이 깊고 자연스러운 호흡을 위해 배에 손을 얹고 하면 된다.

3. 심호흡을 이용해 화를 전환할 수 있도록 도와줄 수 있다. 펄쩍펄쩍 뛰어 시끄럽게 구는 아이들에게 등을 돌리든지, 비디오 게임을 그만하라는 말을 거부하는 아이들에게서 떨어지라. 잠시 동안 비켜나거나 등을 돌리는 단순한 행위만으로도 당신과 아이 사이의 거리를 만들 수 있다. 이것은 당신이 상황으로부터 가장 가볍게 거리를 두고 침착해질 수 있는 간단한 거리두기다.

4. 당신이 정말로 화가 났다면, 거리를 두고 '부모의 타임아웃' 시간

을 가지는 것도 괜찮은 생각이다. 방을 떠나 여유를 가질 시간을 가져라. 상황을 이해하고 건설적인 대안을 찾아라.

이 간단한 화 극복 기술로 세 가지를 할 수 있다.

- 이완하는 과정을 통해 화를 촉발시키는 생각을 쉽게 멈출 수 있다.
- 호흡을 느리고 깊게 함으로써 스트레스로 인한 반응을 막을 수 있다. 길고 느린 호흡을 하면서 화를 내는 것은 불가능함을 확인해보라.
- 무슨 말과 행동을 해야 할지 호흡을 하는 동안 생각할 수 있다.

아이들이 진정으로 원하는 것

지겹고 오랜 싸움에 빨려 들어가는 대신, 당신은 그 상황에서 아이가 진정으로 원하는 것이 무엇인지 간파하고 화를 달랠 수 있다.

아이가 진정으로 원하는 것을 이해하려면 당신은 자신에게 "화는 그만, 침착해지자."라고 말하여 화나는 생각을 물리치고 나서 생각할 시간을 벌어야 한다.

당신의 아들이 무례한 말을 하는 것은 다른 형제에게 뺏긴 관심을 되돌리기 위해서일 수 있다. 딸아이는 칭찬을 받기 위해 까불 수도 있다. 아들은 어떻게 말해야 될지 몰라서 당신의 물건을 그냥 집어갈 수도 있다. 아이는 가게에서 물건을 갖고 도망치는 것이 어떤 행동인지 정확히 이해 못할 수도 있으며, 당신의 한계를 시험하고 있을 수도 있다. 아이는 인식하지 못하지만 당신은 이해할 수 있는 아이의 욕구가 있는가? 예를 들면, 당신의 딸아이는 그냥 지치고 배고파서 당신에게 매달려 칭얼거릴 수도 있다. 아이가 자러 가기를 거부하는데 뭔가 이유가 있지는 않을까? 예를 들면, 아이는 어둠 속에 있는 게 무서울 수 있다. 당신은 그냥 불을 켜 둔 채로 아이를 재우면 된다. 아니면 아이는 포옹이나 뽀뽀나 이야기가 필요한지도 모른다.

당신의 아이가 무엇을 원하는지 알려면 아이의 눈높이에서 사고해야 한다. 3살, 5살이나 9살짜리가 어떻게 느낄지 생각해보는 것은 아무리 강조해도 지나치지 않다. 당신이 그렇게 작고 약하다면, 당신이 명확하게 의사전달을 하지 못한다면, 아는 단어가 부족하다면, 어른들이 당연하게 여기는 관습에 서툴다면 어떻겠는가? 거대하고 신비한 성인에게 의지해 자신이 필요한 모든 것을 공급받는다고 상상해보라.

당신의 아이가 정말로 원하는 게 무엇인지 알아채고, 아이에게 그것을 준 다음의 반응을 관찰해보라. 모든 일은 잘될 것이다. 실패한다손 쳐도, 당신은 화내는 일과 멀어질 것이고 아이의 욕구를 채우려고 노력할 것이며, 갈등을 끝내려고 할 것이다. 최악의 경우에 당신이 아이의 욕구를 잘못 파악했다 하더라도 다시 하면 그만이다. 최소한 화내는 것은 피하지 않았는가.

아이의 숨은 욕구를 재빨리 확인하는 연습을 하려면, 다음의 목록에 주목하자. 여기에 아이들이 자주 원하는 것들의 목록이 있다. 그리고 당신의 가정에서 일어난 마지막 화에 얽힌 6개의 사건을 생각해보라. 각각의 상황에서 화내는 대신 당신이 채울 수 있었던 아이의 욕구가 무엇인지 파악해보라. 그리고 다음에 비슷한 상황이 발생한다면 어떻게 극복해낼지에 대한 계획을 세워라.

상황

_____
_____
_____

체크	가능한 욕구	대처 계획
☐	음식	_____
☐	물	_____
☐	조용할 시간	_____
☐	잠	_____
☐	안전, 안도	_____
☐	관심	_____
☐	포옹, 뽀뽀	_____
☐	칭찬	_____
☐	전환, 산만	_____

■	일하는 것을 돕기	_____
■	문제 푸는 것 돕기	_____
■	말 들어주기	_____
■	자유, 자율권, 힘	_____
■	한계와 규칙을 분명히 하기	_____
■	고집	_____
■	자극, 활동	_____

보기

다음은 제인이 3살짜리와 5살짜리 딸을 데리고 자동차 여행을 하기 위해 어떤 대처 전략을 짰는지를 보여주는 예다.

체크	가능한 욕구	대처 계획
✓	음식	충분한 과자와 과일
✓	물	과일 주스
✓	휴식	휴게소에서 더 많이 쉬기
■	조용할 시간	_____
✓	잠	어린 딸을 앞에 태워 재우기
■	안전, 안도	_____
■	관심	_____
■	포옹, 뽀뽀	_____

☑	칭찬	아이들이 뭘 잘하는지 지켜보기
☑	전환, 산만	아이들이 즐기는 음악, 게임 차에 비치
☐	일하는 것을 돕기	_____
☑	문제 푸는 것 돕기	_____
☐	말 들어주기	_____
☐	자유, 자율권, 힘	_____
☑	한계와 규칙을 분명히 하기	안전벨트 매기, 서로 때리지 않기
☐	고집	_____
☑	자극, 활동	휴게소에서 쉬는 동안 원반던지기 놀이
☐	_____	_____
☐	_____	_____
☐	_____	_____

🌸 특별히 고려해야 할 사항 — 하면 안 되는 것

음주나 약물 복용을 하면 화내는 문제는 지속적으로 악화될 것이다. 아무리 평범한 사람이라도 술을 마시면 아이에게 화를 내게끔 되어 있다. 설령 당신이 술을 마시면 기분 좋게 취한다고 하더라도 음주는 당신의 통제력을 약하게 하고 판단력을 흐리게 한다. 아주 자극적인 상황이 펼쳐지면 당신은 화를 내기 쉬운 상황에 처하며 실수를 범하기 쉽다.

When Anger Hurts Your Kids

7장 당신의 언어습관 바꾸기

이 장은 화내는 의사소통 방법을 명확한 의사소통 방법으로 바꾸는 장이다. 화내는 의사소통은 대개 비효율적이다. 당신은 아이의 관심을 끌 수는 있지만 실제로 변하는 것은 아무것도 없다. 오래된 문제가 끊임없이 나타나고 또 나타날 것이다.

이 장은 화내는 의사소통 방법을 명확한 의사소통 방법으로 바꾸는 장이다. 화내는 의사소통은 대개 비효율적이다. 당신은 아이의 관심을 끌 수는 있지만 실제로 변하는 것은 아무것도 없다. 오래된 문제가 끊임없이 나타나고 또 나타날 것이다.

왜 화는 효과가 없나?

부모로서 당신의 주요한 목적은 아이를 스스로 책임질 줄 아는 성인으로 키우는 것이다. 그 말이 뜻하는 것은, 당신의 아이가 자신의 행동을 선택하며 그 결과에 대해 책임진다는 말이다. 당신이 화를 낸다고 해서 아이가 책임감 있는 선택을 하는 것은 아니다. 사실상 아이에게 방해만 되는데, 그 이유는 아래와 같다.

- 때리기나 소리 지르기와 같은 당신의 화는 아이를 체벌하는 행위다. 아이는 벌을 받으면 책임감을 배우는 것이 아니라 들키지 않는 법을 배운다. 만약 당신이 아이가 과자상자에서 과자를 도둑질하는 것을 보고 소리친다면 아이는 과자를 도둑질하지 않으면 부모가 소리지르는 일도 없을 거라고 생각하게 된다. 유일한 교훈은 "과자 훔치는 것을 걸리지만 않으면 부모의 고함도 피할 수 있다."는 것이다.
- 당신의 화는 아이를 겁에 질리게 한다. 아이는 이미 당신이 아이보다 크고 힘이 세서 정말로 아이를 아프게 할 수 있다는 것을 안다. 당신이 화를 내고 목소리가 커져서 이성을 잃은 것으로 보이면, 아이의 입장에서는 정말로 무섭기 그지없다. 겁에 질려 있을 때 뭔가를 배운다는 것은 불가능하다.
- 당신이 화내면 아이도 덩달아 화가 나곤 한다. 그리고 복수하고 싶은 욕망이 커진다. 책임감을 배우기 위해서, 당신의 아이는 스스로가 하는 행동이 무엇이며 왜 해서는 안 되는지 알아야 한다.

아이가 화나거나 복수의 망상을 불태우고 있다면, 책임에 대해 배울 수 없다. 화는 화를 부른다. 많은 가족들에서 처벌과 복수의 악순환이 벌어지고 있다.

 **아이에게 분명하게 말하기**

아이가 당신이 무엇을 원하는지 알고 행동하기는 어렵다. 아이가 당신이 원하는 것을 모른다면 행동으로 옮기는 일도 요원하다. 대부분의 경우 아이들은 부모가 기쁘기를 바란다. 그래서 아이들이 부모가 원하는 것을 분명하게 알기만 해도 부모의 뜻에 따르려 할 것이다. 분명하게 의사소통하는 목적은 아이에게 당신의 기대치에 대한 분명한 정보를 주는 것이다. 분명하게 말하는 것에는 세 가지 부분이 있다.

- 아이의 행동에 대한 당신의 감정 또는 반응
- 아이의 행동이 당신에게 어떤 영향을 주는가?
- 당신이 바꾸고자 하는 것

당신의 감정 확인하기

분명하게 말하기의 1단계는 아이의 행동을 이끌어내는 화난 감정을 확인하는 것이다. 에밀리는 길을 건너고 있을 때 아버지와 잡고 있던 손을 빼버렸다. 에밀리의 아버지가 겁에 질려 있었기 때문이다. 리키는 슈퍼마켓에서 짜증을 냈는데, 그의 어머니가 당황하고 어쩔 줄 몰라 했기 때문이다.

카이가 부엌을 엉망으로 만들었을 때, 그의 어머니는 언짢아했다. 세 가지 상황에 대해 아래의 칸을 채워보라. 첫째 칸은 아이들이 일으킨 상황에 대한 간략한 설명을 쓰는 곳이며, 다음 칸은 그 시점에서 느끼는 화의 감정을 쓰는 곳이다. 만약 특정한 감정을 정의하기가 어렵다면, 다음의 지침과 같이 목록을 채워라.(그러나 아래의 것으로 한정짓지는 마라.)

불안한	격분한	슬픈
염려하는	깜짝 놀란	겁내는
혼란스러운	짜증나는	화난
실망한	무기력한	공정한
힘 빠지는	분개한	무서워하는
이해할 수 있는	당황스러운	이해할 수 없는

내가 느낀 감정

상황 1 : _____

나의 느낌 : _____

상황 2 : _____

나의 느낌 : _____

상황 3 : _____

나의 느낌 : _____

당신의 감정 이해하기

다음 단계는 아이의 행동이 당신에게 어떤 영향을 주는지를 정의하기 위한 것이다. 당신은 왜 짜증나고, 실망스럽고, 화나며, 위협을 느끼는가? 에밀리의 아버지는 아이가 차에 치일지도 모른다고 생각하자 두려움을 느낀 것이다.

리키의 어머니는 부모로서 아이를 능숙하게 다루지 못해 다른 사람들이 자신을 보고 손가락질할까봐 아이의 짜증에 당황스러워했던 것이다. 그녀는 자신이 생각해낸 아이를 다루는 기술이 전혀 먹혀들지 않자 어쩔 줄 몰라 했다. 그리고 카이의 어머니는 엉망이 된 부엌을 보고 힘이 빠졌다. 피곤한데다가 저녁을 먹기 전에 그것을 치워야 했기 때문이다.

세 가지 상황과 각각의 상황에서 느낀 감정을 돌아보라. 그리고 아래의 빈 칸에 아이의 행동이 당신에게 어떤 영향을 끼쳤는지, 그리고 행동의 반응에 대한 느낌을 간략히 적는다.

나의 느낌

상황 1 : _____
  _____

상황 2 : _____
  _____

상황 3 : _____

_____

당신이 원하는 것 정하기

3단계는 당신이 특정한 상황에서 아이에게 원하는 것을 묘사하는 것이다. 가능한 한 분명하고 상세하게 하라. "나는 네가 내 말을 잘 들었으면 좋겠다."라는 식은 평가하기에 너무나 모호하다. 차라리 "나는 네가 방을 치웠으면 한다."가 더 상세하다. 예를 들어, "나는 네가 바닥에 널브러져 있는 네 옷을 옷장에 걸었으면 좋겠다."라든지 "더러운 옷들을 세탁 바구니에 넣었으면 좋겠다." 또는 "부엌의 더러운 그릇들을 싱크대에 넣어라." 또는 "장난감과 책을 책장에 넣어라."와 같은 말이 낫다. 더 명확하고 더 구체적일수록 모호함과 몰이해가 들어설 여지가 적다.

에밀리의 아버지는 딸에게 말할 수 있다. "네가 길을 건널 때 내 손을 잡았으면 한다." 리키의 어머니는 아이에게 말할 수 있다. "사탕을 사기 싫다고 말하면 네가 얼마나 실망스러운지 짜증내지 말고 내게 말로 했으면 좋겠다." 그리고 카이의 어머니는 카이에게, "스낵을 혼자 만들었으면, 음식찌꺼기는 치우고 접시는 식기세척기에 넣었으면 좋겠다. 그리고 조리대를 닦아 줘."라고 말할 수 있다.

아래의 빈 칸에 당신이 위의 목록에 적었던 세 가지 상황에서 아이에게 바라는 말을 쓴다. 가능한 한 분명하고 자세하게 적는다.

내가 원하는 것

상황 1 : _____

_____

상황 2 : _____

_____

상황 3 : _____

_____

분명한 메시지 완성하기

당신의 감정, 당신은 왜 그런 감정을 느끼는지, 그리고 원하는 것은 무엇인지에 대한 세 가지 요소를 조합하면 당신의 아이에게 어떻게 행동할지 알 수 있게 될 것이다. (명심하라. 아이들은 당신이 원하는 대로 행동하지 않는다. 그러나 적어도 선택할 정보는 가질 것이다.)

여기에 확실한 메시지를 완성시키기 위한 일반적인 양식이 있다.

"네가 _____ 할 때(행동의 묘사), 나는 _____ 라고 느껴. 왜냐하면 _____ 때문이야. 나는 네가 _____ 했으면 좋겠어."

아이를 공격하거나 비난하지 않고, 사실에 근거한 분명한 의사소통의 효과를 적는다. "너는 나빠."라는 화를 실은 메시지를 당신의 감정과 희망을 담은 분명한 진술로 바꾸어라.

에밀리 아버지의 분명한 메시지는 아마도 이러할 것이다. "차도 한 가운데를 걷고 있을 때 네 손을 잡아 빼면 나는 네가 차에 치일까봐 겁이 난단다. 나는 길을 건널 때는 네가 내 손을 꼭 잡았으면 좋겠구나."

리키 어머니의 경우에는 이러할 수 있다. "사탕을 사주지 않는다고 해서 네가 보인 짜증 때문에 나는 굉장히 당황했단다. 사람들이 내 아들을 제대로 가르치지 못했다고 생각할까봐 걱정했어. 네가 말도 안 하고 짜증만 내니 나도 무슨 말을 어떻게 해야 할지 어찌할 바를 몰랐단다. 차라리 네가 얼마나 실망했는지 말로 했다면 좋았을 거야."

그리고 카이 어머니의 경우에는 이럴 것이다. "네가 부엌을 엉망으로 만들어 놓고 떠났을 때 나는 힘이 빠졌단다. 저녁 먹기 전에 그걸 다 치울 생각을 하니까 그랬단다. 나는 네가 스낵을 만든 후에는 음식물 쓰레기를 치우고, 접시들은 식기세척기에 넣고, 조리대는 닦았으면 좋겠어."

아래의 빈 칸에 당신이 각각의 상황에서 아이들에게 당신의 희망을 분명히 하는 메시지를 조합하라.

상황 1 : _____
         _____

상황 2 : _____
　　　　　 _____

상황 3 : _____
　　　　　 _____

한 번 이상 같은 행동이 반복될 경우에는 언제나 세 가지 진술을 사용할 필요는 없다. 당신이 모든 정보(느낌, 이유, 당신이 원하는 것)를 처음으로 전달했다면, 다음 경우에는 더 짧은 버전으로 충분할 것이다.

　에밀리의 아버지는 에밀리에게 "에밀리, 손잡아!"라는 한 마디로 길을 건널 때 손을 잡으라고 말할 수 있다. 리키의 어머니는 단순한 말로 아이에게 그 일을 상기시킬 수 있다. "애야, 말로 하렴." 그리고 카이의 어머니는 저녁을 준비하기 전 부엌을 들어설 때 "카이, 부엌!"이라는 말로 대신할 수 있다.

분명한 의사소통의 연습

다음 보기와 같은 상황이 당신에게도 일어난다면 아이에게 당신이 원하는 것을 어떻게 일러줄지를 생각해보고 적어보자. 각각의 상황에 대한 보기는 이 연습의 끝부분에서 볼 수 있다.

　1. 9살짜리 앤디의 학교 선생님은 앤디가 이번 기말숙제를 제출하지

않았다고 메모를 보내왔다. 당신은 많은 시간을 할애하여 정해진 시간 내에 숙제를 제출할 수 있도록 도와주었는데 앤디는 기말숙제를 잃어버렸다고 한다.

2. 5살짜리 메그는 혼자서 잘 놀다가도 당신이 전화를 받거나 전화를 걸라치면 시계처럼 규칙적으로 당신에게 할 말이나 질문을 다시 한다.

3. 1살짜리 벤은 4살짜리 누나 할리와 노는 것을 좋아한다. 벤은 누나가 만든 블록으로 만든 성을 허물기 일쑤다. 그러면 할리는 어김없이 달려가 벤을 때린다. 벤은 울고 할리는 엄마에게 맞는다. 이번

에는 뭔가 다른 것을 시도해야겠다는 결심이 필요하다.

4. 8살짜리 토미는 잘 시간만 되면 온갖 가지 핑계를 대며 자는 시간을 미룬다. 마침내 밤이 되었고 당신은 일터에서 가져온 일을 하기 시작했다. 갑자기 토미가 뭔가 이야기할 게 생각났다고 말한다.

보기 응답

1. 앤디! 내가 많은 시간을 쏟아 너의 학교 숙제를 도와주었는데 네가 그걸 잃어버리니 아주 실망스럽고 기분이 안 좋구나. 너의 학교 숙제에 더 많은 신경을 쓰고 싶다만, 이번만큼은 네가 그 숙제를 반드

시 찾아냈으면 좋겠구나.

2. (통화하는 상대에게 양해를 구한 후) 메그! 내가 전화 통화 중일 때 네가 방해하면 나는 정말 힘이 빠진단다. 나는 내 친구와 너에게 동시에 집중할 수는 없어. 결국 두 사람의 이야기를 모두 못 듣게 돼. 정말 급한 일이 아니면, 내가 통화하는 도중에 할 말이 있다면 끝날 때까지 기다렸으면 한다.

3. 할리! 나는 네가 벤을 때리면 정말 실망스럽고 화가 나는구나. 벤은 아직 아기고 너를 정말로 화나게 하려고 한 건 아니잖니? 나는 아기가 다칠까봐 걱정도 된단다. 벤이 네 게임을 망칠까봐 걱정되면 내가 벤을 데려가마. 벤이 네 물건 가까이로 가면, 나에게 말만 하면 벤은 내가 어떻게 해보마. 아이를 때리지는 말아라.

4. 토미! 잠자리에 들었다가 매번 이런 식으로 일어나면 나는 정말 힘이 빠진단다. 무슨 말이냐면 나는 늦게까지 이 일을 마쳐야 하고 내일 몹시 피곤할 거란 말이다. 만약 내게 말할 게 있거나 학교에 가져갈 물건이 있다면 메모해 두었다가 내일 아침에 말해주면 좋겠다.

선택과 결과

때때로 당신은 아이들에게 당신이 무엇을 해주면 좋을지 선택하라고 함으로써 아이들과의 싸움을 피할 수 있다.(할까 말까에 대한 것은 아니다.) 언제, 어떻게 또는 누구와 어떤 일인지에 대한 선택권을 주어라. 아이가 목욕을 했으면 하고 바란다면, 책을 읽고 나서 할 것인지, 목욕을 할 때 거품 없이 할 것인지, 아빠와 할 건지 엄마와 할 건지를 물어보아라.

그러나 목욕하고 싶은지 안 하고 싶은지는 묻지 마라. 그것은 진정한 선택의 대상이 아니다. 당신이 아이를 존중할 준비가 되어 있다는 뜻의 선택권을 주는 것이다. 아이들에게 선택권을 주면 스스로가 뭔가를 결정할 수 있는 힘이 있으며 당신이 그 결정을 존중한다는 것을 배울 수 있다.

대체로, 당신이 원하고 바라는 것을 아이에게 분명히 말하면, 아이들은 그저 선택을 할 뿐이다. 그 기대를 충족시키든지 말든지는 상관없다. 만약 아이들이 그렇게 하지 않기로 선택했다 하더라도, 자신이 선택한 것에서 뭔가 결과를 경험하고 싶다는 것이 적절한 설명이다. 결국 아이가 당신의 요구를 따른다면, 당신의 기쁨이나 칭찬뿐만 아니라, 기대되는 어떤 긍정적인 결과를 경험하게 된다. 아이들이 뭔가를 결정할 수 있는 힘을 가졌다는 것을 배우는 게 중요한 것처럼 그들이 앞으로 벌어질 결과에 대해 책임을 져야 한다는 사실을 배우는 것도 마찬가지로 중요하다. 당신은 어떤 행동에는 어떤 결과가 따르는지 결정해야 한다.

여기 그 결과를 생각해내는 데 염두에 두어야 할 3가지 주요한 문제들이 있다.

- 그 결과는 반드시 버릇없는 행동과 관련된 것이어야 한다.
- 한번 그 결과가 설계되면, 당신은 기꺼이 거기에 따라야만 한다.
- 당신은 비난하거나 화를 내지 않고 반드시 침착하게 그 결과를 보여주어야 한다. 당신은 아이의 선택에 따른 결과를 중립적으로 수행하는 역할을 할 뿐이다.

결과가 아이의 버릇없는 행동과 관련되어 있다는 것을 아이가 이해하는 것이 중요하다. 2살 난 아이가 우유를 가지고 놀다가 바닥에 엎질렀다고 가정해보자. 당신은 아이를 다른 곳으로 보내 놀게 할 수도 있고, 아이가 그것을 치우도록 할 수도 있다. 다른 곳으로 보내면 체벌과 같은 느낌이 들어 아이는 화를 낼 수도 있다. 더 나쁜 것은, 아무 학습도 일어나지 않는다는 사실이다. 반대로, 뭔가를 흘렸다면 그곳을 스스로 치워야 된다고 알려주면 책임감을 키울 수 있다.

아이의 행동이 그 비중대로 결과와 연관된다는 것을 염두에 두라. 작은 위반은 비슷한 크기의 작은 결과로 이어져야 한다. 만약 아이가 우유를 엎질렀는데, 한 달 동안 부엌에서 혼자 밥을 먹어야 된다고 포고하는 것은 부당하다. 그러나 아이가 집안의 모든 벽에 그림을 그렸을 때, 아이에게 그림 그리는 펜을 한 시간 동안 뺏는 것도 역시 충분하지 않다. 버릇없는 행동과 결과의 조화가 맞지 않으면 아이도 배우는 것이 없다. 연령별 행동에 따른 버릇없는 행동에 대한 고려, 그리고 연령에 따른 결과의 적합성도 역시 중요하다. 2살짜리 아이가 5살짜리 아이처럼 청소를 할 수는 없다는 사실을 명심하라.

　아이에게 특정한 선택에 따른 결과를 경고할 때 당신이 반드시 그것을 할 것이라는 사실이 극도로 중요하다. 그럴 의도가 없는데도 생일잔치를 취소하겠다고 위협하지 마라. 정말로 가지 않을 게 아니라면 캠핑을 안 가겠다고 말하지 마라. 당신의 말에 책임지지 않는다면, 아이는 당신이 말한 것이 반드시 지켜지지는 않는다는 것을 배우게 될 것이다. 그것은 아이에게 당신을 믿지 말라고 가르치는 꼴이다.

　화나 비난 없이 결과를 보여주어야 함은 아무리 강조해도 지나치지 않는다. 앞에서 설명한 대로, 화를 낸다는 것은 아이를 체벌하는 행위이므로 아이가 스스로의 선택에 대해 책임지는 것을 배울 수 없게 된다. 당신은 아이가 스스로 선택한 결과를 수행하게 하는 중립적인 사람으로 인식되어야 한다. 당신의 아이가 선택하고, 그 일을 했다면, 결과는 있다.

선택과 결과 연습하기

당신의 아이가 저지르는 가장 일반적인 행동을 예측하고 그에 관련된 선택과 결과를 미리 제시하는 것이 최선일 것이다. 당신이 바라는 행동을 분명히 전달했다면, 당신의 결과를 따랐을 때와 그렇지 않았을 때의 결과도 분명히 말하는 것이 적절하다. 예를 들어, 에밀리를 떠올려보자. 그녀의 아버지는 아이가 길을 건널 때 손을 잡아 빼자 겁이 났다. 아이에게 앞으로는 길을 건널 때 자신의 손을 잡는 게 좋겠다고 말한 후에, 이렇게 덧붙일 수 있다. "내 손을 잡으면 우리는 나란히 걸을 거야. 만약 내 손을 안 잡으면 길을 건널 때 너를 번쩍 들어서 옮길 수밖에 없어."

리키를 보자. 엄마가 사탕을 안 사준다고 가게에서 짜증을 냈었다. 리키의 어머니는 앞으로는 마음에 안 드는 게 있으면 짜증내지 말고 말로 표현하라고 얘기한 후에, 그렇게 하지 않을 경우의 결과를 추가하기로 했다. 아래의 빈 칸에, 그녀가 리키에게 했을 법한 적절한 선택과 그에 따른 결과를 써보자.

선택과 결과 : _____
_____
_____
_____

보기 응답

리키의 엄마는 이렇게 말할 수 있다. "만약 짜증을 내기로 했다면, 곧바로 집에 갈 것이고 다음 번 쇼핑은 나 혼자 할 거야. 짜증내지 않고 말로 한다면, 쇼핑할 때 데려가지."

카이는 부엌을 엉망으로 만든 아이다. 카이의 어머니 역시 원하는 것을 아이에게 말한 후에, 선택과 결과를 보여주었다. 아래의 빈 칸에 그녀가 아이에게 주었을 법한 선택과 결과의 보기를 써보자.

선택과 결과 : _____

_____

_____

_____

보기 응답

카이의 어머니는 이렇게 말할 수 있다. "부엌을 이렇게 만들어놓고 가 버리면, 나는 저녁을 할 수가 없어. 그렇다면 저녁은 네가 해결해야 될 거다."

아래의 빈 칸에 당신의 아이가 하는 가장 흔한 버릇없는 행동 3가지를 적어보자. 각각의 행동에 이어, 마치 아이에게 직접 말하듯이 선택과 그에 따른 결과를 적는다.

못된 행동 1 : _____

선택과 결과 : _____

_____

_____

_____

못된 행동 2 : _____

선택과 결과 : _____

_____

_____

_____

_____

못된 행동 3 : _____

선택과 결과 : _____

_____

_____

_____

_____

타임아웃 – 특별한 결과

타임아웃이 뜻하는 것은 이렇다. 어떤 일이 벌어지든 잠시 떨어져 있는 것. 대개는 아이가 특정한 시간 동안 자기 방에 가 있는 것이다(아주 어린 아이는 몇 분으로도 충분하다.) 이것은 체벌이 아니다. 아이는 자기 방에 가서 장난감을 갖고 놀 수도 있다. 반성의 시간인 것이다. 아이가 사람들에게 적절하지 않은 못된 행동을 했다면 아이는 모든 사람들과 떨어져 있을 시간이 필요하다. 관심은 강력한 보상이기에 관심으로부터 격려하는 것은 아이에게 상당한 영향을 줄 수 있다. 어떤 사람들은 욕실을 타임아웃 방으로 쓰기도 한다. 왜냐하면 욕실은 지루한데다가 스스로의 행동을 생각하기에 덜 산만한 곳이기 때문이다. 어떤 곳을 사용하든지, 아이들에게 그 방이 혼자 있기에 안전하다는 확신을 줄 필요는 있다.

타임아웃이 적절한 때는 여러 사람들에게 못된 행동을 했을 경우 그 결과로 적용할 때다. 이것은 그 행동에 대한 결과라는 의미로 납득이 된다. 아이가 자기 전에 인형 정리하기를 거부한다면, 아이에게 이렇게 말하는 것도 괜찮다. "인형을 치우느라고 시간을 낭비하면, 동화책을 읽어줄 시간이 없을 거야." 또는 "장난감을 갖고 논 후 치우는 데 신경 쓰지 않으면, 내일은 그 장난감을 갖고 놀 수 없을 거야."

그러나 이렇게 말하는 것은 납득하기 힘들다. "장난감을 치워놓지 않으면, 타임아웃을 적용할 거야." 왜냐하면 다른 사람들과 떨어져 있다는 것은 장난감을 치우지 않았을 때의 결과와 서로 상응하지 않기 때문이다.

당신의 아이에게 타임아웃을 적용할 때도 침착하며, 화내거나 비난하지 않아야 한다. 당신이 냉정함을 잃기 시작하면 상황에 대한 통제력을 잃는 것이다. 아이가 스스로의 행동에 대한 책임감을 갖도록 도와주는 역할을 할 뿐이라고 스스로에게 상기시켜라.

타이머가 달린 시계를 아이의 손이 닿지 않는 곳에 두어, 아이에게 타임아웃의 시간이 끝났음을 알려라. 시계의 벨이 울려 타임아웃이 끝났음을 알리면 당신은 간수의 역할을 하지 않아도 된다. 아주 어린 아이들(두 살 혹은 더 어린아이들)은 타이머를 맞추지도 못한다. 아이들에게는, 더 착하게 놀겠다고, 다른 아이들을 못살게 굴지 않겠다고 다짐하면 언제든 나올 수 있다고 말하라.

타임아웃을 쓰기 전에 아이들에게 타임아웃에 대해 설명하는 것이 중요하다. 예를 들어, "다른 사람들에게 똑바로 행동하지 않으면, 혼자서 타임아웃을 하게 될 거야."라고 말할 수 있다. 어떤 행위들은 즉각 타임아웃이 발효된다고 단순히 정의할 필요도 있다. 때리기, 차기, 침 뱉기, 물기, 버릇없이 말하기, 소리 지르기 등이다. 다른 버릇없는 행동은 그에 따라 적절하게 정의하면 된다. 예를 들어, 손님 앞에서 너무 큰 소리를 지르기 등도 해당될 수 있다. 아이들에게 스스로의 행동에 따라 타임아웃이 정확하게 작동할 수도 있고, 시간을 늘릴 수도 있다는 것을 설명하라. 만약 정해진 시간보다 일찍 나온다면 타임아웃은 다시 시작하라.

이 개념을 설명하고 나면 타임아웃은 경고나 사전 위협 없이 실행할 수 있다. 당신이 아이에게 뭔가를 묻는 것만으로도 아이에게 타임아웃을 상기시킬 수 있다. 예를 들어, 아이가 다른 사람을 때리려고 할 때 당신은 "사람들을 때리면 안 돼."라고 말할 수 있다. 그때 만약 아이가 다른 사람을 때리면 그는 타임아웃을 당하게 된다. 좀더 나이가 들어서 충동을 더 잘 조절할 수 있는 나이가 되면, 매번 미리 환기시켜줄 필요는 없다.

타임아웃을 지속적으로 이용하는 것은 필수적이다. 만약 다른 아이를 때리는 행동이 타임아웃을 당할 만한 일이고, 아이가 매번 다른 아이를 때린다면 아이는 타임아웃을 가질 필요가 있다. 당신의 딸이 당신이 손님과 이야기할 때 너무 시끄럽게 군다면, 당신은 딸에게 조용히 하라고 말하거나 아니면 그녀가 자기의 방에서 타임아웃을 갖도록 할 것이다. 만약 아이가 계속 난리법석을 피우면 타임아웃을 시켜라. 계속 주의를 주거나 경고를 줄 필요는 없다. 당신이 말한 것은 반드시 지킨다는 것을 가르쳐야 한다.

특별한 상황

당신이 타임아웃을 처음으로 소개할 때 아이는 아마도 저항할 것이다. 아이가 자발적으로 가려고 하지 않을 경우, 스스로 걸어 들어가게 하거나 당신이 안아서 데려가거나 둘 중 선택하게 한다. 만약 아이가 계속 저항하면, 침착하게 말한다. "너는 이렇게 데려가는 것을 선택했다." 그리고 아이를 방으로 데려가서 부드럽게 내려놓는다.(명심하라. 이것은 체벌이 아니다. 집행자는 화내지 않고 결과를 수행해야 한다.) 아이에게 타이머가 울리면 방에서 나올 수 있다고 상기시킨다. 만약 아이가 저항하면서 못된 행동을 하거나 계속 소리치며 저항한다면, 침착하게 타임아웃 시간을 연장시킨다.

    아이가 타임아웃 시간에 방에 있기를 원하지 않으며, 타임아웃이 끝나기 전에 나온다면 타임아웃 시간을 처음부터 다시 시작하게 될 거라고 상기시켜라. 아이가 그래도 나오려고 한다면, 아이를 수십 번 다시 방으로 데려가는 게임에 말려들지 마라. 아이에게 타임아웃이 끝날 때까지 바깥에서 하는 어떤 놀이에도 참가할 수 없다고 상기시켜라.

아이가 이성을 잃어 통제 불능 상태가 되어, 소리치고 비명 지르고 문을 차거나 인형을 던지면 아이에게 말하라. "조용해질 때 타임아웃을 다시 시작하겠어. 타임아웃은 반성의 시간이야." 이런 식으로 아이에게 자기 행동의 결과를 경험하게 해준다. 아이가 장난감을 부수면, 아이는 부서진 장난감을 갖게 된다. 아이가 침실 옷장에 있는 것을 죄다 끄집어내면, 아이는 그걸 모두 치워야 한다.

타임아웃이 끝나고 아이가 나오면, 화내지 않고 따뜻하게 맞아준다. 불과 몇 분이었대도 아이에게는 아주 긴 시간처럼 느껴질 수 있다.

문제를 해결하는 의사소통법

문제가 재발했을 때, 당신이 바라는 것을 분명히 말해도 효과가 없을 때, 당신은 아이 스스로가 문제 해결에 몰두할 수 있도록 도와줄 수도 있다. 놀랍게도 당신의 아이에게는 놀라운 식견이 있으며, 생각도 있을 것이다. 그러나 그것을 찾아내기 위해서는, 당신은 앉아서 기꺼이 아이의 말을 존중하며 들어야 할 것이다. 문제 해결을 위한 6단계가 있다.

1. 아이의 감정과 욕구에 대해 이야기하라

이것은 중요하다. 당신이 안다고 추측하지 마라. 더 명확히 알 수 있도록 물어보라. "나는 이게 왜 너에게 문제가 되는지 이해 못하겠구나." 또는 "원하는 게 뭔지 분명히 말해다오." 또는 "정말 어떻게 느끼는지 말해줄래?"라고 물어보라. 당신이 정말로 아이의 감정과 욕구를 이해하는 데 관심이 있다고 믿지 않으면, 또는 문제를 해결하기 위해 '공동' 으로 노력하려는 마음이 없다고 생각한다면, 당신은 시간만 낭비하게 될 것이다. 또한 당신이 문제라고 생각했던 것이 실은 진짜 문제가 아닐 수도 있다. 아이의 감정과 욕구를 알아보는 것으로 당신은 기저에 깔린 어려움을 극복할 수 있게 될 것이다.

2. 당신 자신의 감정과 욕구에 대해 이야기하라

간결하고 똑바로 전달하라. 아이에게 당신의 감정이 더 중요하고 무게 있다는 이야기를 하려는 것은 아니다. 당신이 전달하고 싶은 생각은 당신과 아이 모두 감정과 욕구가 있고, 당신과 아이의 욕구가 모두 타당하다는 것이다.

3. 판단하지 말고 모든 가능한 해법을 내놓아라

만약 가능하다면 아이에게 해법 몇 개를 제안하라고 말하라. 마음 편한 대안뿐만 아니라 더 진지한 것도 좋다고 격려해주라. 비판하지 말고 모든 것을 종이에 적게 하라.

4. 서로 용인할 수 없는 해법은 지워라

목록으로 돌아가서 양자 모두가 용인할 수 있는 해법이 아니라면 지워버려라. 만약 그것이 먹힐 법한 생각이 아니라 해도, 비난하지 않고 말하라. "아주 멍청한 제안이군."과 같은 말을 하지 마라. 당신은 다른 대안이 왜 효과 있는지를 설명하는 기회도 잡을 수 있다. 이 단계의 끝에서 목록에 아무것도 남기지 않은 채, 두 가지 선택만 있을 것이다. 당신은 목록에서 지웠던 해법 중의 일부를 다시 생각하거나 더 나은 대안을 위해 머리를 짜내야 할 것이다.

5. 가장 최선의 해법을 선택하라(또는 대안으로 조합하라)

당신은 이 단계를 진행하기 전에 적어도 서로 용인할 수 있는 한 가지의 해법을 가질 필요가 있다. 만약 목록의 왼쪽에 다양한 선택이 있다면, 어떤 것을 하고 싶은지 함께 결정하라.

6. 실행과 평가를 위한 계획을 개발하라

그 계획이 성공할지 평가하기 전에 새 계획을 얼마 동안 시도하고 싶은지를 결정하라. 첫 번째 해법이 효력이 없을 경우, 만약의 경우에 대비한 계획을 개발하는 것도 최선의 일이 될 것이다. 때로는 만약의 경우에 대비한 계획은 당신의 목록에서 또 다른 대안 중의 하나(두 번째로 좋은 선택)가 될 것이다. 또 어떤 때에는 당신 혼자 또는 당신의 아이와 상의해 계획된 결과를 포함하게 될 것이다.

9살의 마이크는 정해진 시간에 개에게 먹이 주는 것을 잊어버리곤 했다. 엄마는 그의 기대를 아주 명확하게 표현했다. "마이크! 개가 빈 밥통을 쳐다보고 있는 걸 보면, 보살핌 받지 못하는 것 같아 화가 난단다. 매일 아침마다 먹이 주는 걸 기억했으면 좋겠다." 마이크는 언제나 짤막한 사과의 말과 함께 먹이를 갖다놓곤 했다. 문제는 전혀 개선되지 않았다. 마이크의 엄마는 새로운 접근 방법을 쓰기로 했다. 함께 문제를 해결하기로 한 것이다. 어느 저녁, 그녀는 마이크에게 잠시 대화를 요청했고 마이크도 동의했다.

1단계 – 아이의 감정과 욕구에 대해 이야기하기

엄 마   마이크! 나는 이번 주에만 개가 4번이나 제때 먹지 못하는 걸 봤어. 너도 개를 좋아하고 개를 제대로 보살피고 싶지 않니? 이게 문제라고 생각하지 않아?

마이크   별로 그렇게 생각하지 않아. 개는 약간 늦든 빠르든 언제나 끼니를 거르지 않고 먹고 있잖아?

엄 마   그러니까 결국 개는 늦든 빠르든 음식을 먹으니 큰 문제가 아니라는 거지?

마이크   음, 맞아.

2단계 – 당신의 감정과 욕구에 대해 이야기하기

엄 마   좋아, 나는 개가 불쌍해. 내가 먹이를 주라고 할 때만 개는 먹을 수 있고, 때로는 정해진 식사시간을 몇 시간이나 넘기기도 해. 나는 개가 굶주리고 불쌍하다는 생각을 하기 싫어. 그리고 내가 너에게 시키지 않으면 개가 아무것도 먹지 못할 것 같아 걱정돼.

3단계 – 판단하지 말고 모든 가능한 해법 내놓기

엄 마   이 문제를 어떻게 해결할까? 함께 머리를 맞대고 고민해보자. 나는 여기에 내 제안을 쓸게. 조금 좋다고 금방 결정하지 말고 그냥 쭉 적어보자.

마이크   (빈정거리며)좋아. 그럼 앞으로 나 대신 개에게 직접 먹이를 주면 되겠네!

엄 마   (받아 적으며)그것도 좋은 생각이구나. 나도 좋은 생각이 있어. 개를 좀더 잘 보살필 수 있게 집을 만들어주자.

마이크   싫어! 큰 양동이에다가 음식을 가득 채워서 앞에 갖다 놓고 일주일 내내 먹으라고 하면 어때?

엄 마   아니면 기억 도우미를 가지면 어떨까? 아침에 일어나서 네가 먹이 주는 걸 잊으면, 그 날은 방과 후에 TV를 보거나 다른 놀이를 못하는 것으로 하면 어떨까?

마이크   좋아, 엄마! 그럼 아침 대신 오후에 먹이를 주면 안 돼? 그때는 시간에도 덜 쫓기니까 데리고 산책을 나갈 수도 있을 것 같은데.

4단계 – 서로 합의하지 못한 대안 지우기

엄 마 우리 둘 다 더 이상의 제안이 없다면, 우리 목록을 쭉 훑어보고 평가해보자. 나는 쓰인 것들을 읽을 테니 우리 둘 다 원하지 않는 건 지워 나갈게. 첫 번째는 내가 너 대신 개에게 밥을 주는 거다. 나는 그 제안이 별로 내키지 않아. 개는 원래 네 것이었고, 네가 키우던 거니까 내가 책임지고 싶지는 않단다. (목록에서 지운다.) 그리고 다음 것은 개를 더 잘 보살피기 위해 집을 마련해 주는 거다.

마이크 싫어! 지워버려.

엄 마 좋아. 너는 큰 양동이에다가 음식을 가득 채워서 앞에 갖다놓고 일주일 내내 먹으라고 할 수도 있어. 그런데 내가 큰 사발에다 밥을 잔뜩 채워서 너에게 주고 일주일 내내 먹으라고 하면 너도 별로 안 좋아할 것 같은데.

마이크 욱! 좋아, 그것도 지워.

엄 마 아침마다 먹이 주는 걸 잊으면, 학교에서 돌아왔을 때 TV를 보거나 재미있는 일을 못할 거야.

마이크 그렇게 하면 엄마는 좋을 텐데. 아마 다음 내 제안이 훨씬 좋은 것 같아.

엄 마 학교에서 돌아왔을 때 오후에 먹이를 주겠다고? 그건 나도 좋아. 그러면 우리는 두 가지 가능한 해법이 생겼구나.

5단계 – 최선의 해법 찾기 (또는 대안들을 조합하기)

엄　마　어떤 것이 가장 좋을까?

마이크　내가 학교에서 돌아왔을 때 오후에 먹이를 주고 싶어.

6단계 – 실행과 평가를 위한 계획 개발하기

엄　마　좋아. 잘됐구나. 언제 시작할까? 그리고 잘 되고 있는지 평가는 언제 할까?

마이크　내일 시작해. 내가 집에 왔을 때도 먹이를 안 주면, 그날은 TV를 안 볼 거야. (만약의 경우에 대비한 계획). 1주일 동안 해보고 효과가 있나 보면 어때?

엄　마　훌륭하구나. 나는 네가 이 문제를 이렇게 기꺼이 풀어주어 얼마나 기쁜지 모르겠다. 네가 개를 얼마나 사랑하는지 알겠구나. (다시 한 번 문제 해결의 행동을 강화하는 엄마를 주목하라.)

효과적인 육아는 아이를 존중하는 데 뿌리를 두고 있다. 아이의 감정, 욕구와 생각을 존중하고 있다는 것을 전달하면서 문제의 해결을 시도하는 것은 아이의 잘못된 행동을 줄이는 동시에 아이와 당신의 관계를 돈독히 할 것이다.

When Anger Hurts Your Kids

8장 화를 다스리기 위한 마스터플랜

이 장에서는 특히 자극적인 상황에서 당신의 화를 다스리기 위한 틀을 제공한다.
이 장에서 당신은 앞의 장들에서 익힌 기술들을 조합하여 마스터플랜을 세운 후
재발하는 문제 상황들에 대처할 수 있다.

When Anger Hurts Your Kids

이 장에서는 특히 자극적인 상황에서 당신의 화를 다스리기 위한 틀을 제공한다. 이 장에서 당신은 앞의 장들에서 익힌 기술들을 조합하여 마스터플랜을 세운 후 재발하는 문제 상황들에 대처할 수 있다.

마스터플랜의 예

샐리의 6살짜리 딸 지나는 아침에는 '곰'이다. 아무리 깨워도 일어나지 않고, TV 앞에서 미적거리며 밥을 안 먹으려 들고, 학교에는 지각하기 일쑤고, 적어도 1주일에 한 번은 큰 소리로 비명을 질러 엄마의 화에 불을 붙였다.

샐리는 아침에 화를 다스릴 수 있도록 마스터플랜을 설계할 필요가 있었다. 그녀는 아침형인간이 아니었기 때문에 따로 무엇인가를 준비할 필요 없이 자동적으로 따를 수 있는 명확한 계획이 필요했다. 여기 그녀가 설계한 마스터플랜이 있다.

화 다스리기 마스터플랜

문제 상황		지나는 늦잠을 자고, 아침을 먹거나 옷 입기를 싫어하며, 학교에 지각한다. 정해진 시간에 억지로 시키려고 하면 짜증을 낸다.
사고방식 바꾸기	방아쇠생각	아이는 게으르고, 못됐고, 청개구리다. 더 이상은 못 참겠다. 이건 공정하지 못하다. 아이는 나에게 반항하고 있다.
	아이의 행동에 대한 대안적인 설명	기질: 아이는 변화에 극히 민감하다. 아동발달 단계: 아이는 자유와 자율권을 갈구한다. 기저 욕구: 음식 – 저혈당 습관화: _____
	방아쇠생각의 반박문	아이는 일어나기가 힘들 것이다. 그리고 음식이 필요하다. 그건 누구나 마찬가지다. 나는 대처하고 아이를 위한 계획을 세울 것이다.
행동방식 바꾸기	조기 경고 신호에 주목하기	몸이 달아오름, 위가 곤두섬, 두통
	화 극복을 위한 짧은 말	침착해라. 너는 할 수 있다.

행동방식 바꾸기	이완을 위한 신호	"숨……이완."
	아이의 진정한 욕구 충족 계획	잔소리하지 말고 오렌지 주스 주기, 무엇인가를 시키기 전에 혈당 올리기
언어습관 바꾸기	분명하게 말하기	네가 7시 30분까지 옷을 입지 않고 8시에도 밥을 먹지 않으면 나는 너무 힘이 빠져. 우리가 늦으면 선생님이 화를 낼 테고, 나도 직장에 지각할까봐 걱정돼. 그래서 반드시 이 시간대로 정확하게 했으면 해. 7시 30분에 옷 입고 8시에 시리얼 먹기.
	선택권 주기	스스로 옷을 입든지 아니면 내가 옷을 골라줄 테니 차에서 옷을 입어. 내가 차려준 밥을 먹든지 아니면 차에서 빵을 먹어
	결과 설명하기	우리는 8시 15분이면 학교로 출발할 거야. 네가 옷을 입든지 안 입든지, 아침을 먹든지 안 먹든지, 숙제를 하든지 안 하든지.
	타임아웃	☐ 예 ☑ 아니오
	문제 해결을 위한 대화	☑ 예 언제? : 저녁에 ☐ 아니오
	가능한 대안적인 해결	매일 아침 차에서 빵 먹기, 깨끗한 속옷 입고 자기, 아침에 TV 보지 않기.

샐리는 그 주에 계획을 작성했다. 월요일 아침에 지나를 깨우고 아래층으로 내려가 커피를 만들고 오렌지 주스를 부었다. 그녀는 지나에

게 조용히 오렌지 주스를 건넸다. 지나는 투덜댔지만 샐리는 큰소리 내지 않고 침착했다. 그녀는 스스로에게 화 극복에 도움이 되는 말을 반복했다. "아이에게 잘못이 있는 게 아니다. 아이는 변화에 민감한 기질을 가지고 있어 매일 아침마다 대처하기가 힘들다."

지나가 오렌지 주스를 다 마시자, 샐리는 지나에게 옷을 입으라고 말했다. 지나는 여전히 얼굴을 찡그리고 TV를 보고 있었다. 샐리는 몸이 달아오르며, 위가 곤두서는 것을 느꼈다. 그녀가 화가 날 때의 조기 경고 신호였다. 그녀는 연습한 대로 이완신호를 주었다. "숨……이완……."

그녀는 충분히 화를 누그러뜨릴 수 있었고 지나에게 중립적인 자세로 말했다. "오늘 입을 옷을 골라 7시 30분까지 입어. 그때까지 옷을 안 입으면 내가 알아서 고를게."

그녀는 TV를 끄고 아침을 차리기 위해 부엌으로 걸어갔다. 7시 30분에 지나가 잘 하고 있는지 보았다. 옷은 거의 다 입었지만 아직 맨발이었다. 샐리는 확실하게 말하려고 노력했다.

"7시 30분까지 옷을 입지 않으면, 나는 힘이 빠지고 걱정돼. 왜냐하면 우리가 늦었다고 선생님이 화를 낼 테고, 나도 직장에 지각할 거야. 어서 신발을 신고 아침을 먹어."

샐리는 방을 떠났고, 혼잣말을 했다. "아이 탓이 아니야. 이건 그냥 아이가 하는 방식이야. 모든 아이들이 이런 식이야."

8시 15분에 지나는 양말을 다 신었고 밥을 한두 술 떴다. 샐리는 말했다. "내가 알아서 신발을 고르고 차에서 아침을 마저 먹도록 하자. 어서 가자, 출발할 시간이다."

샐리가 아이의 빨간 신발과 급하게 땅콩버터를 바른 빵을 들고 지나를 차 안에 태웠을 때 아이는 어리둥절했다. 투덜거렸지만 보통 때처럼 심하게 짜증을 내지는 않았다.

2주가 지나갈 무렵, 샐리의 마스터플랜은 습관적인 일이 되었다. 더 이상의 문제해결 방법이 필요 없었다. 그녀가 자신이 무엇을 생각해야 할지, 무엇을 해야 할지, 무슨 말을 해야 할지 미리 잘 설계했고 계획은 효과가 있었다.

샐리는 자신의 조기 경고 신호에 주의를 기울였고 방아쇠생각이 화로 폭발하기 전에 화 극복에 도움이 되는 생각을 사용했다.

그녀는 방아쇠생각에 반응하지 않았다. 대신에 그녀는 숨을 멈추고 심호흡을 몇 차례 했다. 숨을 멈추는 동안, 그녀는 화 극복에 도움이 되는 생각을 했고 지나에게 진정으로 필요한 게 무엇인지 생각해보았다. 샐리는 아침에 지나에게 정말로 필요한 것을 주었다. TV 앞에 있는 시간 때문에 방해받지 않았다.

오렌지 주스로 혈당을 높여 아이가 덜 짜증나게 했고, 아이에게 스스로 옷을 고르라는 선택의 자유를 주었고, 최소한의 말다툼과 혼란, 명확한 선택과 그에 따른 논리적인 결과를 분명히 했다. 그리고 비타협적으로 정시에 학교로 출발했다.

당신의 마스터플랜 만들기

당신의 마스터플랜을 만들기 위해 다음의 양식을 사용하라. 모든 칸을 그대로 채우고 싶지는 않겠지만 이 양식을 사용하면 화를 다스리기 위한 여러 가지 방법을 돌이켜볼 수 있을 것이다. 이 양식을 당신의 주어진 상황에 맞게 적용할 수 있다.

문제 상황		
사고방식 바꾸기 (3, 4, 5장)	방아쇠생각	
	아이의 행동에 대한 대안적인 설명	기질 : 아동 발달 단계 : 기저 욕구 : 습관화 :
	방아쇠생각의 반박문	
행동방식 바꾸기	조기 경고 신호에 주목하기	

행동방식 바꾸기	화 극복을 위한 짧은 말	
	이완을 위한 신호	숨……이완."
	아이의 진정한 욕구 충족 계획	
언어습관 바꾸기	분명하게 말하기	네가 _____ 할 때면 나는 _____ 라고 느껴. 왜냐하면 _____ 때문이야 그리고 나는 네가 _____ 했으면 좋겠어.
	선택권 주기	
	결과 설명하기	
	타임아웃	■ 예 ■ 아니오
	문제 해결을 위한 대화	■ 예 언제? : _____ ■ 아니오
	가능한 대안적인 해결	

옮긴이의 말

아이는 정말 소중한 선물이다. 흔히 아이의 잠든 모습을 보고 있으면 세상 시름이 사라진다고 말하곤 한다. 부모의 유전자를 고스란히 지니고 있는 자신의 분신이기 때문일 것이다. 부모는 아이를 통해 자신을 이어나간다.

그러나 한편으로 아이들은 정말이지 한시도 내버려둘 수가 없다 – 부모가 안 보는 틈을 타서 동생을 때린다, 초콜릿 한 상자를 통째로 주지 않는다며 뒤로 나자빠져서 엉엉 운다, 인디언이 내는 괴성을 지르며 온 집안을 뛰어다닌다, 화단에 새로 심은 화초들을 죄다 뽑아 놓는다, 12개월 할부로 구입한 고급 오디오 기기에 물을 엎지른다, 친구 집들이에 데리고 갔더니 새로 산 테이블을 박박 긁어 놓는다…….

하지만 진정하라! 그럼에도 불구하고, 아이에게 화를 내서는 안 된다! 그것이 이 책의 가르침이다. 그렇다고 무조건 '오냐오냐' 하라는 것은 아니다. 아이를 꾸짖는 데는 원칙이 있어야 하며, 절대로 당신의

감정이 격한 상태에서 아이에게 뭔가를 가르치려 해서는 안 된다는 말이다.

　이 책은 화를 내는 부모들에게 이렇게 경고한다. 아이들은 화를 내는 당신의 행동을 똑같이 모방하여 되갚을 것이다. 왜냐하면 당신이 화를 내어(폭력적으로) 문제를 해결하는 것이 정당했듯이, 아이도 화를 내어(폭력적으로) 문제를 해결하는 것이 정당하다고 생각하게 되기 때문이다. 당신이 상습적으로 화를 낸다면, 언젠가 아이는 당신에게 욕설을 하고 달려들지도 모른다. 그래도 분노하지 마라. 당신이 그렇게 가르쳤기 때문이다.

　또한 부모가 아이에게 폭언을 해버릇하면, 가족의 일원으로서 뭔가 역할을 하고 싶었던 아이는 '나는 쓸모없는 존재'라는 무기력감을 가지거나, '될 대로 되라'는 식으로 생각할 수 있다.

　아직 정체성이 형성되지 않은 아이의 잘못은 어른의 잘못에 비해서

는 극히 미미하다. 아이는 어디까지나 아이임을 명심해야 한다. 아이들의 유일한 목적은 관심을 끄는 것이며, 관심을 끌기 위해선 무슨 일이라도 한다는 아이들의 행동 메커니즘을 이해한다면, 반사적으로 화를 내는 일만은 자제하겠다는 생각이 들지 않는가?

대신에 이 책의 저자들이 화가 난 부모들에게 권하는 것은 다음과 같은 의식의 심호흡들이다. 부디 다음의 말들을 천천히 읊조려 보라.

"이건 그냥 단계일 뿐이야. 아이들은 이런 단계를 거쳐야 해."

"이건 그 나이 또래로 보면 당연한 일이야."

"너무 진지하게 생각하지 말자. 유머를 갖자."

"아이는 일부러 나에게 그러는 게 아냐. 그냥 이 순간을 넘기기 위해 그럴 뿐이야."

"대면하자. 나는 화내지 않고 대처할 수 있어."

이것은 어른과 아이의 관계에서뿐만 아니라, 어른과 어른의 관계에서도 매우 유용한 '의식의 숨고르기'다. '참을 만큼 참았다'는 생각보다 세상에 더 위험한 것은 없다. 우리는 화를 내는 대신 다른 의사소통 방법을 찾을 수 있다. 이 책은 화가 잔뜩 나 있는 자신의 감정에서 탈출하는 방법을 알려준다.

이 책을 읽고서 이 땅의 부모들이 아이와의 관계를 개선해나갈 수 있다면 좋겠다. 그리고 이 책의 조언이나 지침이 유용했다면, 그것은 비단 아이와의 관계 개선이 아니라 부부간의 관계 개선이며, 부모와의 관계 개선이며, 나아가 모든 인간관계를 개선할 수 있는 밑거름이 될 것이다. 아이는 우리에게 이런 가르침을 주기 위해 신이 보낸 선물이 아닐까? 이 책을 통해 많은 독자들이 그것을 확인하게 되길 바란다.

부록A 부모화평가표의 방법론과 결과

화지수를 산정하기 위해 3가지 척도를 사용했다.

- 부모화평가표(드로마와 한센, DeRoma and Hansen 1994)
- "아이에게 얼마나 자주 화를 내는가?"로 평가한 10점 기준의 리커트Likert 척도
- "아이에게 화를 낼 때, 평균적으로 어느 정도의 화를 내는가?"로 평가한 10점 기준의 리커트 척도

24개의 방아쇠생각과 화 극복에 도움이 되는 생각 또는 행동에 대해 지수가 높은 부모 대 낮은 부모의 의미 있는 빈도 점수를 비교하기 위해 T검정을 실시했다. (위에서 설명한 3가지 척도로) 표1과 같이 방아쇠

생각은 화지수와 중요한 관련이 있었다.(화지수가 높은 부모들은 더 자주 화를 낸다고 보고되었다.) 표2와 같이 화 극복에 도움이 되는 생각은 화지수와 중요한 관련이 있다.(화지수가 낮은 부모들은 더 자주 화를 낸다.)

〈표1〉 화지수와 관련된, 중요한 방아쇠생각

방아쇠생각	부모화평가표와 T검정	부모 화 정도와 T검정	부모 화 횟수와 T검정
나를 짜증나게 하려고 하는구나	$t = 3.12$ $p = 0.00$	$t = 4.30$ $p = 0.00$	$t = 3.71$ $p = 0.00$
나에게 반항하는 거지	$t = 3.60$ $p = 0.00$	$t = 5.54$ $p = 0.00$	$t = 4.60$ $p = 0.00$
나를 열 받게 하려고 작정했구나	$t = 3.13$ $p = 0.00$	$t = 3.87$ $p = 0.00$	$t = 5.05$ $p = 0.00$
내 인내를 시험하고 있구나 (어디까지 하나 어디 한번 보자)	$t = 4.17$ $p = 0.00$	$t = 3.95$ $p = 0.00$	$t = 5.29$ $p = 0.00$
나를 가지고 놀고 있구나	$t = 3.15$ $p = 0.00$	$t = 3.78$ $p = 0.00$	$t = 3.57$ $p = 0.00$
나를 이용하고 있구나	$t = 3.42$ $p = 0.00$	$t = 4.02$ $p = 0.00$	$t = 2.46$ $p = 0.01$
일부러 그러는 거지(나를 괴롭히기 위해, 상처 주기 위해, 심술부리려고)	$t = 3.73$ $p = 0.00$	$t = 4.43$ $p = 0.00$	$t = 3.11$ $p = 0.00$
더 이상 참을 수 없어	$t = 4.04$ $p = 0.00$	$t = 6.39$ $p = 0.00$	$t = 3.83$ $p = 0.00$

이런 짓은 도저히 참을 수 없어	t = 4.00 p = 0.00	t = 4.89 p = 0.00	t = 3.40 p = 0.00
이번에는 너무 지나치잖아	t = 3.48 p = 0.00	t = 4.51 p = 0.00	t = 3.69 p = 0.00
말을 듣지 않는군	t = 3.92 p = 0.00	t = 4.38 p = 0.00	t = 5.79 p = 0.00
감히 나에게(그런 식으로 쳐다보다니, 그런 식으로 말하다니, 그런 식으로 행동하다니)	t = 4.91 p = 0.00	t = 5.49 p = 0.00	t = 5.01 p = 0.00
너는 모든 것을(힘 싸움으로, 싸움으로, 형편없는 시간으로, 악몽으로 만드는구나)	t = 3.08 p = 0.00	t = 4.20 p = 0.00	t = 3.25 p = 0.00
통제 불능인 아이구나	t = 3.22 p = 0.00	t = 5.04 p = 0.00	t = 3.29 p = 0.00
이건 속임수야	t = 3.45 p = 0.00	t = 2.66 p = 0.00	t = 1.69 p = ns
너는 너무(게을러, 못됐어, 고집불통이야, 점잖치 못해, 배은망덕해, 자기밖에 몰라, 잔인해, 멍청해, 개구쟁이야, 몹쓸 아이야, 청개구리야)	t = 3.23 p = 0.00	t = 4.48 p = 0.00	t = 3.84 p = 0.00
고의적으로 심술궂고 바보처럼 구는구나	t = 3.72 p = 0.00	t = 5.08 p = 0.00	t = 4.44 p = 0.00
관심이 없구나(무슨 일이 일어나는지, 내가 어떻게 느끼는지, 네가 누구에게 상처 주는지 등등)	t = 3.75 p = 0.00	t = 4.29 p = 0.00	t = 2.88 p = 0.00

〈표2〉 화지수와 관련된, 중요한 화 극복에 도움이 되는 생각

화 극복에 도움이 되는 생각	부모화평가표와 T검정	부모 화 정도와 T검정	부모 화 횟수와 T검정
이건 그냥 단계일 뿐이야. 아이들은 이런 단계를 거쳐야 해	t = −2.43 p = 0.01	t = −1.24 p = ns	t = −0.70 p = ns
이건 그 나이 또래로 보면 당연한 일이야	t = −2.84 p = 0.00	t = −1.64 p = ns	t = −2.46 p = 0.01
진지하게 생각하지 말자. 유머를 갖자	t = −2.73 p = 0.00	t = −1.26 p = ns	t = −2.80 p = 0.01
이건 그냥 자연스러운 충동일 뿐이야	t = −1.04 p = ns	t = −2.46 p = 0.01	t = −0.94 p = ns
아이는 나에게 일부러 그러는 게 아냐. 그냥 이 순간에 대처하기 위해 이럴 뿐이야	t = −2.30 p = 0.05	t = −2.61 p = 0.01	t = −3.06 p = 0.00
아이는 어쩔 수 없어 (울고, 화내고, 방해하고, 관심을 필요로 하는)	t = −3.27 p = 0.00	t = −1.09 p = ns	t = −0.98 p = ns
그냥 겪는 거야. 나는 대처할 수 있어. 나는 화내지 않아도 돼	t = −1.09 p = ns	t = −0.80 p = ns	t = −2.21 p = 0.05

⟨표3⟩ 화지수와 관련된, 중요한 화 극복에 도움이 되는 행동

화 극복에 도움이 되는 생각	부모화평가표와 T검정	부모 화 정도와 T검정	부모 화 횟수와 T검정
심호흡, 아이에게 무엇인가 말하기 전에 스스로를 이완시키기	t = −1.06 p = ns	t = −1.37 p = ns	t = −2.47 p = 0.01
아이가 진정으로 원하는 것을 주려고 노력하기—관심, 칭찬, 애정 행위, 문제 해결하기	t = −2.07 p = 0.00	t = −1.27 p = ns	t = −1.78 p = ns

 부록B 부모화평가표에 쓰인 질문지

화에 대한 질문지 1

얼마나 자주 이런 생각을 하는지 숫자에 동그라미를 치시오.

나는 아이에게 화가 나면 나 자신에게 이렇게 말하곤 한다

	전혀 그렇지 않다	거의 그렇지 않다		때로는 그렇다		자주 그렇다		언제나 그렇다
1. 나를 짜증나게 하려고 하는구나	1	2	3	4	5	6	7	8	9
2. 알면서 그러는 거지 (그렇지만 할 생각도 안 하는 거지)	1	2	3	4	5	6	7	8	9
3. 더 이상 못 참겠다	1	2	3	4	5	6	7	8	9

	전혀 그렇지 않다	거의 그렇지 않다		때로는 그렇다		자주 그렇다		언제나 그렇다
4. 관심이 없구나(무슨 일이 있는지, 내가 뭘 느끼는지, 누구에게 상처 주는지)	1	2	3	4	5	6	7	8	9
5. 나에게 도전하는구나	1	2	3	4	5	6	7	8	9
6. 완전히 정신이 나갔군	1	2	3	4	5	6	7	8	9
7. 이런 행동은 정말 참을 수 없구나	1	2	3	4	5	6	7	8	9
8. 나를 열 받게 하려고 작정했구나	1	2	3	4	5	6	7	8	9
9. 일부러 그러는 거지(나를 괴롭히기 위해, 상처 주기 위해, 심술부리려고)	1	2	3	4	5	6	7	8	9
10. 정말로 벌 받아야겠구나	1	2	3	4	5	6	7	8	9
11. 이번에는 너무 심한데	1	2	3	4	5	6	7	8	9
12. 내 인내를 시험하고 있구나 (어디까지 하나 어디 한번 보자)	1	2	3	4	5	6	7	8	9
13. 나를 갖고 놀고 있구나	1	2	3	4	5	6	7	8	9
14. 영악한 것 같으니	1	2	3	4	5	6	7	8	9
15. 나를 (쉬지도 못하게, 재미있는 것도 못하게, 일도 못 하게) 하는구나	1	2	3	4	5	6	7	8	9
16. 너는 너무(게을러, 못됐어, 고집불통이야, 점잖치 못해, 배은망덕해, 자기밖에 몰라, 잔인해, 멍청해, 개구쟁이야, 몹쓸 아이야, 청개구리야 등등)	1	2	3	4	5	6	7	8	9

	전혀 그렇지 않다	거의 그렇지 않다		때로는 그렇다		자주 그렇다		언제나 그렇다
17. 고의적으로 심술궂고 바보처럼 구는구나	1	2	3	4	5	6	7	8	9
18. 지금 _____ 를 훔쳐가는 거지	1	2	3	4	5	6	7	8	9
19. 말을 듣지 않는군	1	2	3	4	5	6	7	8	9
20. 감히 나에게(그런 식으로 쳐다보다니, 그런 식으로 말하다니, 그런 식으로 행동하다니)	1	2	3	4	5	6	7	8	9
21. 일부러 무시하는구나	1	2	3	4	5	6	7	8	9
22. 나를 이용하고 있구나	1	2	3	4	5	6	7	8	9
23. 나는 네가 왜 그래야만 하는지 모르겠다	1	2	3	4	5	6	7	8	9
24. 너는 모든 것을(힘 싸움으로, 싸움으로, 형편없는 시간으로, 악몽으로 등등) 만드는구나	1	2	3	4	5	6	7	8	9

화에 대한 질문지 2

얼마나 자주 이런 생각이나 응답을 하는지 숫자에 동그라미를 치시오.

나는 아이에게 화가 나면 이렇게 극복하곤 한다

	전혀 그렇지 않다	거의 그렇지 않다		때로는 그렇다		자주 그렇다		언제나 그렇다
1. 이건 그냥 단계일 뿐이야. 아이들은 이런 단계를 거쳐야 해	1	2	3	4	5	6	7	8	9
2. "아이들인데 뭐." 또는 "그러니까 아이들이지."라고 생각한다	1	2	3	4	5	6	7	8	9
3. 그 상황에서 잠시 물러나 시간이 흐른 후에 다시 간다	1	2	3	4	5	6	7	8	9
4. 다른 일에 집중하면서 화를 누그러뜨린다	1	2	3	4	5	6	7	8	9
5. 타임아웃을 적용하여 아이를 잠시 격리한다	1	2	3	4	5	6	7	8	9
6. 아이가 진정으로 원하는 것을 주려고 노력한다—관심, 칭찬, 육체적 애정 행위, 문제 해결하기	1	2	3	4	5	6	7	8	9
7. 아이는 그저 더 많은 관심, 도움, 칭찬이 필요할 뿐이라고 생각한다	1	2	3	4	5	6	7	8	9
8. "일관성을 갖자. 언제나 같은 선을 그어놓고 그 한계가 어디인지 분명하게 보여줄 필요가 있다."는 것을 스스로에게 다짐한다	1	2	3	4	5	6	7	8	9
9. 심호흡을 하고, 무엇인가를 말하기 전에 스스로를 이완시킨다	1	2	3	4	5	6	7	8	9

	전혀 그렇지 않다	거의 그렇지 않다	때로는 그렇다	자주 그렇다	언제나 그렇다
10. "너무 심각해지지 말자. 유머감각을 갖자."라고 생각한다	1　2	3　4	5　6	7　8	9
11. "아이의 잘못이 아냐. 아이는 최선을 다했어."라고 생각한다	1　2	3　4	5　6	7　8	9
12. 아이는 실수하게 마련이며 완벽한 아이는 없다고 생각한다	1　2	3　4	5　6	7　8	9
13. "이건 그냥 자연스러운 충동일 뿐이야."라고 생각한다	1　2	3　4	5　6	7　8	9
14. "이건 그 나이 또래로 보면 당연한 일이야."라고 생각한다	1　2	3　4	5　6	7　8	9
15. 그 상황에서 아이를 떼어놓는다.	1　2	3　4	5　6	7　8	9
16. "내 아이를 다치게 하기 싫어. 내 아이인데."라고 생각한다	1　2	3　4	5　6	7　8	9
17. 화의 다른 원인을 찾아본다	1　2	3　4	5　6	7　8	9
18. 애 보느라 힘 빠지는 건 흔하고, 예상했던 일이라고 생각한다	1　2	3　4	5　6	7　8	9
19. "한계에 도전하는 것은 흔한 일이다." 또는 "아이들의 짜증은 흔한 일이다."라고 생각한다	1　2	3　4	5　6	7　8	9
20. "아이는 (울지, 화내지, 나를 방해하지, 관심을 얻으려 하지) 않을 수 없다."라고 생각한다	1　2	3　4	5　6	7　8	9

	전혀 그렇지 않다	거의 그렇지 않다	때로는 그렇다	자주 그렇다	언제나 그렇다
21. 아이가 진심으로 그렇게 하려는 것은 아님을 기억한다. 아이는 그저 생존을 위해, 대처하기 위해 그러는 것이다	1　2	3　4	5　6	7　8	9
22. 내가 얼마나 아이를 사랑하는지 기억하려고 노력한다	1　2	3　4	5　6	7　8	9
23. "헤쳐 나갈 것이다. 나는 극복할 수 있다. 화낼 필요 없다."라고 생각한다	1　2	3　4	5　6	7　8	9
24. 아이가 내가 하라고 한 것을 하지 않았을 때의 합리적인 결과를 생각한다	1　2	3　4	5　6	7　8	9

화에 대한 질문지 3

1. 아이에게 얼마나 자주 화를 내는가?

절대 안 낸다	거의 안 낸다	때로는 낸다	자주 낸다	언제나 낸다
1　2	3　4	5　6	7　8	9　10

2. 아이에게 화를 낼 때 어느 정도로 내는가?

약간 낸다	다소 화를 낸다	보통 화를 낸다	아주	극도로
1　2	3　4	5　6	7　8	9　10

3. 보통의 경우 나는 아이에게 소리치거나 고함친다.

    일주일에 _____ 회

    또는 한 달에 _____ 회

    또는 일 년에 _____ 회

4. 당신의 나이 _____ 성별 _____

5. 다음 중 하나를 표시하시오.

    당신은 혼자서 아이를 키운다. _____

    배우자와 함께 아이를 키운다. _____

    공동 보호 중이다. _____

6. 아이의 수 _____

7. 아이의 나이 _____

8. 다음 중 하나를 표시하시오.

    도시 거주 _____

    도시 근교 거주 _____

    시골 거주 _____

9. 다음 중 하나를 표시하시오.

　　고등학교 이하 ＿＿＿＿＿

　　고등학교 졸업 ＿＿＿＿＿

　　대학 중퇴 ＿＿＿＿＿

　　대학 졸업 ＿＿＿＿＿

　　대학원 이상 ＿＿＿＿＿

10. 일주일 동안의 근로 시간 ＿＿＿＿＿

11. 일주일 동안 아이와 함께 보내는 시간 ＿＿＿＿＿

12. 다음 중 하나를 표시하시오.

　　미국 출생 ＿＿＿＿＿

　　다른 문화권에서 성장 (자세히 기술하시오) ＿＿＿＿＿
　　＿＿＿＿＿＿＿＿＿＿＿＿＿＿＿＿＿＿＿＿＿＿＿

13. 가족 총수입

　　＿＿＿＿＿ 3만 달러 이하

　　＿＿＿＿＿ 3만~6만 달러

　　＿＿＿＿＿ 6만~9만 달러

　　＿＿＿＿＿ 9만 달러 이상

참고문헌

- Ames, Louise Bates, and Carol Chase Haber. 1976. *Your Seven-Year-Old*. New York : Dell Publishing.

  -----. 1989. *Your Eight-Year-Old*. New York : Publishing.

  -----. 1990. *Your Nine-Year-Old*. New York : Dell Publishing.

- Ames, Louise Bates, and Frances L. Ilg. 1976. *Your Two-Year-Old*. New York : Dell Publishing.

  -----. 1976. *Your Four-Year-Old*. New York : Dell Publishing.

  -----. 1979a. *Your Five-Year-Old*. New York : Publishing.

  -----. 1979b. *Your Six-Year-Old*. New York : Dell Publishing.

  -----. 1985. *Your Three-Year-Old*. New York : Dell Publishing.

- Ames, Louise B., Frances L. Ilg, and Carol Chase Haber. 1982. *Your One-Year-Old*. New York : Dell Publishing.

- Crocknberg, Susan. 1985. "Toddlers' Reactions to Maternal Anger." *Merril-Palmer Quarterly* 31 : 361-373.

  -----. 1987. "Predictors Correlates of Anger Toward and Punitive Control of

Toddlers by Adolescent Mothers." *Child Development* 58 : 964 – 975.

- Davis, M., E. R. Eshelman, and M. McKay. 1994. *The Relaxation & Stress Reduction Workbook*, 4th ed. Oakland, Calif. : New Harbinger Publications.

- DeRoma, V. M., and D. J. Hansen. 1994. Development of the Parental Anger Inventory. Presented at the Association for the Advancement of Behavior Therapy Convention, San Diego, Calif., November.

- Dinkmeyer, D., and G.D. McKay, 1983. *The Parent's Guide:Systematic Training for Effective Parenting of Teens*. Circle Pines, Minnesota:American Guidance Service.

- Dreikurs, Rudolf, M.D., with Vicki Soltz, R.N. 1964. *Children : The Challenge*. New York : Hawthorn Books.

- Frude, N., and A. Goss. 1979. "Parental Anger:A General Population Survey." *Child Abuse and Neglect* 3 : 331 – 333.

- Grevin, Phillip. 1990. *Spare the Child:The Religious Roots of Punishment and the Psychological Impact of Physical Abuse*. New York : Knopf.

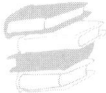

- Hemenway, David, Sara Solnick, and Jennifer Carter. 1994. "Child Rearing Violence." *Child Abuse and Neglect* 18 : 1011 – 1020.

- Heusson, Carol. 1986. *Parental Anger:An Examination of Cognitive and Situational Factors*. Dissertation. University of Waterloo, Ontario, Canada.

- Korbanka, Juergen, and Matthew McKay. 1995. "The Emotional and Behavioral Effects of Parental Discipline Styles on Their Adult Children." Unpublished paper.

- McKay, Matthew, Peter D. Rogers, and Judith McKay. 1989. *When Anger Hurts*. Oakland, Calif. : New Harbinger Publications.

- Oliver, J. 1993. "Intergenerational Transmission of Child Abuse:Rates, Research, and Clinical Implications." *American Journal of Psychiatry* 150 : 1315 – 1324.

- San Francisco Examiner. Dec. 7, 1995. "Child Abuse Figures Soar in U. S. Poll."

- Stassberg, Zvi, Kenneth Dodge, Gregory Pettit, and John Bates. 1994. "Spanking in the Home and Children's Subsequent Aggression Toward Kindergarten Peers." *Development and Psychology* Vol 6, No 3 : 445 – 461.

- Straus, Murray. 1994. *Beating The Devil Out of Them : Punishment in American*

Families. New York:Lexington Books.

- Tesser, Abraham, Rex Forehand, Gene Brody, and Nicholas Long. 1989. "Conflict : The Role of Calm and Angry Parent — Child Discussion in Adolescent Adjustment." *Journal of Social and Clinacal Psychology* 8 : 317 — 330.

- Trickett, Penelope, and Leon Kuczynski. 1986. "Children's Misbehaviors and Parental Discipline Strategies in Abusive and Non — Abusive Families." *Developmental Psychology* 22 : 115 — 123.

- Turecki, Stanley, with Leslie Tonner. 1985. *The Difficult Child*. New York : Bantam Books.

- Zaidi, Lisa, John Knutson, and John Mehm. 1989. "Transgener — tional Patterns of Abusive Parenting." *Aggressive Behavior* 15 : 137 — 152.

Copyright 1996 by New Harbinger, 5674 Shattuck Ave, Oakland, CA94609
Korean Translation Copyright ⓒ 2006 Hanmunhwa Multimedia
The Korean Edition Published by arrangement with New Harbinger Publications, USA
through Yu Ri Jang Literary Agency, Korea
이 책의 한국어판 저작권은 유리장 에이전시를 통한 저작권자와의 독점 계약으로 (주)한문화 멀티미디어에 있습니다. 저작권법에 의해 한국 내에서 보호를 받는 저작물이므로 무단 전재와 복제를 금합니다.

| 지은이 |

매튜 맥케이Mattew McKay : 심리학 박사. Haight Ashbury Psychological Service의 창립자이며 샌프란시스코에 있는 Brief Therapy Associates의 공동 소장이다. 《자긍심》(Self – Esteem)《이완 & 스트레스해소》(The Relaxation&Stress Reduction Workbook)《분노로 다칠 때》(When Anger Hurts)《연애의 기술》(Couple Skills) 등 11권의 책을 공동 집필했다. 그는 욕망, 분노, 우울증 분야를 전문으로 연구하고 있으며 버클리 대학의 라이트 연구소(Wright Institute)에 몸담고 있다.

패트릭 패닝Patrick Fanning : 정신 건강 분야의 전문 집필가이자 북 캘리포니아에 있는 남성 후원 그룹의 창립자이다. 《생각 & 감정》(Thought&Feeling)《메시지 – 의사소통의 기술》(Messages : Communication Skill Book)《자긍심》(Self – Esteem)《남자 되기》(Being a Man)《신념의 간수》(Prisoners of Belief)《중독》(The Addiction Workbook) 등 7권의 자기 개발서를 공동 집필했다. 또한《변화를 위한 시각화》(Visualization for Change)와《평생 체중 조절》(Lifetime Weight Control)의 저자다.

킴 퍼레그Kim paleg : 임상심리학 박사.《커플의 기술》(Couple Skills)의 공동저자이며《분노로 다칠 때》(When Anger Hurts) 등의 저술에 기여했다. 그녀는 커플과 가족간 상호관계에 대한 전문적인 연구를 하고 있으며 워크숍을 통해 육아법을 지도하고 있다.

다나 랜디스Dana Landis : 여성쉼터의 상담사로 일했으며, 2년 동안 부모의 분노가 아이에게 미치는 영향에 대해 연구했다. 그녀는 현재 심리학 박사 과정을 밟고 있다.

| 옮긴이 |

구승준 : 고려대학교 영어영문학과를 졸업하고 여러 잡지에서 기자로 일했다. 현재는 전문번역가로 다양한 번역 작업에 열중하고 있다. 번역한 책에《나라는 브랜드를 사랑하라》《아주 단순한 지혜》등이 있다.

화내는 부모가 아이를 망친다

1판 1쇄 발행 2006(단기 4339)년 5월 10일
2판 23쇄 발행 2015(단기 4348)년 4월 30일

지은이 · 매튜 맥케이 외 3인 공저
옮긴이 · 구승준
펴낸이 · 심정숙
펴낸곳 · (주)한문화멀티미디어
등   록 · 1990. 11. 28. 제 21-209호
주   소 · 서울시 강남구 봉은사로 317 논현빌딩 6층 (135-010)
전   화 · 영업부 2016-3500 편집부 2016-3531
http://www.hanmunhwa.com E-mail : book@hanmunhwa.com

편집 · 이미향 강정화 최연실 진정근
디자인 제작 · 이정희 목수정
경영 · 강윤정 권은주 | 홍보 · 박진양 조애리
영업 · 윤정호 조동희 | 물류 · 박경수

만든 사람들
책임편집 · 강정화 | 디자인 · 박은정

ISBN 978-89-5699-161-0 03370

잘못된 책은 본사나 서점에서 바꾸어 드립니다.
본사의 허락 없이 임의로 내용의 일부를 인용하거나 전재, 복사하는 행위를 금합니다.